JULES,

OU

LE TOIT PATERNEL.

IV.

Je vous venge tous !

JULES,

OU

LE TOIT PATERNEL.

PAR M. DUCRAY-DUMINIL.

> Quel est cet asile champêtre, au fond de ce vallon, près de ce ruisseau limpide ?... Ciel, je le reconnais, c'est la maison de mon père !...

TOME QUATRIÈME.

PARIS,

DENTU, Imprimeur-Libraire, quai des Augustins, n.° 17.

M. D. CCCVI.

JULES

ou

LE TOIT PATERNEL.

I.

> Eh, pourrais-je vivre dans une maison où j'ai perdu le seul bien qui me fit chérir la vie!...

Eh bien, mon père! dit M. Dabin au père Augely, après la lecture de cette lettre, que pensez vous de ce cruel événement? Persisterez-vous encore dans vos projets de retraite? — Moi, monsieur! quand une veuve est dans les pleurs! quand mes amis ont besoin de consolation! vous me jugeriez bien mal! Non, certes, je ne rentrerai point encore dans mon couvent. Cette valise est pleine ; mes préparatifs étaient faits pour un simple déplacement dans Paris; tout cela se trouve prêt à propos pour partir sur-le-champ. Vous m'accompagnerez sans doute à Orange? — A l'instant...... J'ai, à mon auberge, ma chaise de poste qui m'a amené; veuillez y faire porter vos effets; nous nous y rendrons nous-mêmes de ce pas, et, dans une heure, en route. — Et nous partons, et nous allons ajouter à la douleur d'une mère, en ne lui portant point des nouvelles certaines de son fils!... — Que voulez-vous? on ne sait ce que ce petit drôle est devenu. Cet Adalbert lui-même ignore de quel côté il a porté ses pas. — Il faut le voir, Adalbert,

M'accorderez-vous un moment de conversation, seul, dans votre cabinet ? — Qu'avez-vous.... à me dire ? — Vous le saurez ! Je vous ai promis de *déchirer le voile dont vous cherchez à vous envelopper, de vous faire voir que les plus secrets replis de votre cœur me sont connus ;* ce sont mes propres expressions, et vous devez vous les rappeler. Le moment est venu où je ne dois plus garder aucun ménagement avec vous. Permettez ?...

Le père fait à l'hypocrite un signe de la main pour qu'il le conduise à son cabinet ; et tous deux s'y rendent, laissant M. Dabin fort étonné de ce mystère qu'on lui cache.

M. Dabin se promène, attend plus d'une demi-heure, et voit enfin revenir Adalbert et le père qui, tous deux, paraissent très-animés. Cette suite de leur entretien frappe même ses oreilles :

Le père Augely. Je vous dis, et je vous répète, Monsieur, que je verrai M. Tienny, que je le préviendrai sur tout cela, et qu'il vous refusera net.

Adalbert. Par quelle raison, s'il vous plaît ? mes droits ne sont-ils pas établis ?

Le père. Vous en avez abusé.

Adalbert. Il faut le prouver.

Le père. C'est ce qu'on fera, Monsieur, c'est ce qu'on fera. Il ne serait pas dans les décrets de la providence que vous profitassiez du malheur de cette famille.

Adalbert. Dieu l'a voulu, sans doute, puisque Dieu l'a rendu coupable.

LE PÈRE. C'est vous seul qui l'avez perdu ; vos intérêts sont directement opposés.

ADALBERT. Il est vrai ; mais ma conscience, le devoir, la religion, tout cela a réglé ma conduite dans cette affaire ; je vous le jure sur l'honneur ; et quand M. Tienny m'entendra....

LE PÈRE. Il m'entendra avant vous ; soyez sur... Chut, voilà l'oncle de ces infortunés.

Que marmottez-vous donc là, Messieurs, interrompt M. Dabin, et quels sont ces intérêts opposés que vous reprochez, mon père, à M. de Faskilan ? — M. de Faskilan, répond le religieux, sait maintenant que je le connais à fond, et que je ne négligerai rien pour m'opposer à ses projets. — Quels projets ? —

Voilà ce qu'il m'est défendu de vous dire, Monsieur; qu'il vous suffise de savoir que je ne dois, que je ne veux agir que pour le bien de votre neveu. (*Il se retourne vers Adalbert.*) Adieu, Monsieur, adieu!... nous nous retrouverons sans doute chez le particulier dont je vous ai parlé; et alors, nous verrons lequel de nous deux l'emportera.

Adalbert est pâle, silencieux; il paraît atterré; et, pendant que ses yeux sont fixés vers la terre, M. Dabin et le père Augely le quittent sans qu'il les ait regardés, sans qu'il leur ait dit adieu.

Il me semble, mon père, dit M. Dabin, en sortant de la maison, que vous le tourmentez furieusement, cet homme à qui Jules, dans ses lettres, soutient qu'il n'a pas un reproche à faire. — Vraiment, je n'ai pas non plus, moi, ce qui s'appelle des preuves contre cet hypocrite ; mais un secret pressentiment m'a toujours averti qu'il nous trompait tous. Il s'est troublé d'ailleurs ; il s'est coupé quand je lui ai parlé à fond sur certaine chose qu'il ignorait que je susse, et qui l'a tout-à-fait étourdi. Mon cher Monsieur, l'avenir nous dévoilera bien des secrets, bien des manœuvres criminelles. Mais daignez m'excuser si je ne puis m'expliquer sur tout cela avec vous, encore moins avec madame Berny ; le devoir le plus sacré me fait une loi du silence. Je travaillerai pour vous, mes amis ; c'est tout ce que je puis vous dire.

M. Dabin estimait, respectait le

bon religieux; il ne le pressa point de questions. On arriva à son auberge. La chaise fut bientôt prête à recevoir les deux voyageurs qui y montèrent, et partirent après avoir pris une légère colation.

Leur voyage fut heureux jusqu'à Orange, où ils arrivèrent et descendirent dans une maison nommée jadis à juste titre *le Paradis*; maintenant l'asile du deuil et des regrets.

Deux femmes en noir, assises dans la salle basse, versaient des pleurs dans le sein l'une de l'autre. Voilà ma nièce et Aloyse, dit M. Dabin au père Augely en entrant.

C'est vous, mon oncle, s'écria madame Berny, en fondant en larmes? vous aussi, bon religieux, ami de mon époux ? Hélas ! vous savez ?....

Les sanglots l'empêchent de continuer.

Bonne Aura, lui dit le religieux en lui serrant la main ; réprimez ces regrets, calmez cette douleur inutile. Dieu vous a repris votre mari ; il l'a rendu plus heureux que vous ; car sans doute ce juste est maintenant dans le sein de son Créateur. — Et ce fils, ce misérable Jules ? point de nouvelles encore ? — Point de nouvelles. J'ai mis tous mes amis en campagne ; j'ai intéressé, avec discrétion, plusieurs de nos magistrats en sa faveur ; tout cela n'a point réussi. Il faut que ce jeune insensé soit bien caché ; ou, il tient parole ; il est en fuite, et pour long-tems. — Fils indigne du jour que je t'ai donné ! peu s'en faut que ma malédiction !... — Arrêtez, mère imprudente ; tremblez de faire peser sur la tête de votre fils le même fardeau qui a écrasé votre époux ! Jules peut se repentir, revenir à la vertu.... — Jamais ! — C'est le désespoir qui vous donne ces terreurs.... Eh ! voilà donc cette chère Aloyse ?.... Comme elle est grandie, formée !

L'oncle Dabin interrompt ; et toujours jolie, mon père ? Par saint Jacques, cette maladie qui l'avait d'abord changée à faire peur ; ne lui a rien ôté de ses attraits. — Ah ! mon oncle, poursuit madame Berny, pouvez-vous parler de beauté, d'attraits, dans un moment pareil ? Hélas ! la pauvre enfant verse tant de larmes que je ne sais comment il lui reste encore quelques-uns de ces attraits! (*Elle se lève d'un air égaré.*) Messieurs, Messieurs!... vous étiez ses amis, ses bons, ses véritables amis.... venez, venez pleurer sur sa tombe. — Sur sa tombe? — Oui.... il est ici, ici, près de moi; je l'ai fait inhumer dans ce même tombeau qu'il érigea lui-même autrefois au plus barbare des pères. Tous les jours, je me rends à ce lieu funèbre; je lui parle, je lui adresse mes regrets, et souvent je me persuade qu'il m'entend, qu'il me répond. Venez, venez tous avec moi!....

Madame Berny vole, pour ainsi dire, au jardin, et, pendant que M. Dabin, le père Augely et Aloyse la suivent, cette dernière dit tout bas au religieux: Voilà ce que ma tante fait journellement ; toujours, elle est toujours à ce tombeau funèbre ; elle en mourra, oh ! elle en mourra.

Et la sensible Aloyse pousse les plus tristes gémissemens !

Rendue au monument, l'infortunée Aura couvre de larmes et de baisers le marbre qui renferme les restes de son époux : elle l'appelle, elle lui parle ; tantôt elle lui dénonce son fils comme l'auteur de sa mort ; tantôt elle conjure son ombre d'intercéder l'Etre suprême pour qu'il lui pardonne.

Cette scène, le lieu, la douleur d'Aura, celle d'Aloyse, tout pénètre le bon père Augely, qui se met en prières au pied du tombeau, tandis que M. Dabin essuie ses yeux mouillés de pleurs. O Evrard !

s'écrie de nouveau madame Berny, ô vieillard inhumain, cruel ! que ne peux-tu contempler ton ouvrage ! comme tu jouirais de voir couler nos larmes sur la tombe d'un fils que ton injuste malédiction a tué ; car il ne se l'est jamais pardonnée, non ! non ! jamais !....

Soudain, une voix éloignée, inconnue, fait entendre ces mots : Ah ! ce spectacle est trop déchirant pour mon cœur !

Tout le monde reste saisi d'étonnement. Qui parle, dit madame Berny en pâlissant ? qui a prononcé ces mots ? Est-ce vous, mon oncle ? — Non, certes, ma nièce, ni le père Augely non plus ; car il est près de moi, et n'a pas ouvert la bouche. — On a pourtant parlé. — Oui, mais cette voix est venue de là-bas, du taillis de citronniers peut-être, ma foi, je ne sais d'où. — Je vous dis que l'ombre de mon cher Berny m'a souvent parlé à moi; j'ai cru entendre plusieurs fois, la nuit, ici, des sons inarticulés. Dieu! mes cheveux s'en dressent sur mon front.

Asselino accourt, extrêmement troublé! Qu'a donc, demande-t-il, ma bonne maîtresse, et tout le monde ici?

Madame Berny répond : Cette voix, Asselino! l'as-tu entendue? étais-tu là? — Quelle voix, madame?.... Ah! je sais; c'est moi qui, arrivant ici, vous voyant de loin pleurer, me suis écrié : Ah! quel spectacle déchirant pour mon cœur! — On n'a pas dit cela, et ce n'était pas ta voix.—Mais il n'y a personne ici que nous. Je ne vois pas...

— Ce n'était pas ta voix, ajoute M. Dabin, et très-certainement.

Le père Augely regarde fixement Asselino qui change de couleur. Le vieux serviteur se remet cependant, et soutient toujours que c'est lui qui a fait entendre cette exclamation.

Cet événement fait un peu diversion à la douleur de madame Berny. On rentre à la maison; on s'entretient de la lettre singulière que M. Berny a reçue de l'inconnu le jour même de sa mort. *On me presse de vous voir*, y disait cet inconnu!... Est-il venu, demande le père Augely? — Non, répond madame Berny; on ne l'a point vu; personne n'a paru. Mais, mon père, vous qui connaissez bien notre famille, qui soupçonnez-vous de ce rôle extraordinaire, joué depuis six ans, par un homme qui ne se nomme, ni ne se montre jamais ? — Moi, madame, je m'y perds. Je jure devant Dieu que je suis aussi embarrassé que vous l'êtes sur ce point. Tout est mort dans votre famille, puisque vous me la citez ; pères, mères, frères, sœurs, aïeuls ; il n'existe plus personne qui puisse prendre à vous un pareil intérêt, et je ne puis deviner.... Si j'étais dans la confidence (*il regarde encore fixement Asselino*) d'un mystère aussi singulier, je vous promets bien, Madame, que vous ne tarderiez pas à le connaître.

Asselino tourne les yeux, il feint de s'occuper à quelque chose dans l'appartement.

Ah çà, dit l'oncle Dabin, parlons un peu d'affaires. J'ai vu ces Rynneval à Paris; ils sont entêtés en diable : il leur faut cinquante mille francs, sans quoi ils poursuivent Jules, et Dieu sait comment il se tirera de leurs mains. Votre intention, ma nièce, est-elle de laisser arrêter votre fils ? — Mais, mon oncle, on ne sait où il est. — Mais, ma nièce, on peut le trouver. Que la justice s'en mêle une fois ; elle a les bras longs ; elle l'atteindra par-tout où il sera ; si ce n'est pas par intérêt pour ce mauvais sujet que nous devons agir, que ce soit au moins pour nous, pour notre honneur. Un duel ! songez-y bien ; cela peut avoir des suites flétrissantes. — Vous me faites frémir ! — Eh bien, parlons donc, voyons. Avez-vous la somme ? — Et comment l'aurais-je, mon oncle ? — En ce cas, il faut vendre.

Asselino revient en disant précipitamment : C'est l'intention de Madame.

Oui, répond madame Berny en soupirant, c'est mon projet : eh ! pourrais-je vivre dans une maison où j'ai perdu le seul bien qui me fit chérir la vie ? (*Asselino écoute avec attention.*) La retraite la plus sombre convient désormais à ma douleur, à celle d'Aloyse, et non cet asile où j'eus jadis un époux, un fils, où mon Aloyse avait un frère, un..... Ah ! quel monstre !

Elle couvre sa figure de ses deux mains.

L'oncle Dabin reprend la parole : si vous voulez vendre cette maison, ma nièce, il faut que cela se fasse tout de suite; car les Rynneval sont pressés d'avoir leur argent; j'ai obtenu un délai ; mais garre qu'ils ne s'impatientent. — Mon oncle, vous avez raison; à cet égard, je suis disposée à tout. Asselino m'a parlé d'un acquéreur qui me conviendrait parfaitement. C'est un vieillard propriétaire à Avignon, et seigneur de cette superbe terre de Valrose, qui est à une lieue et demie d'ici. (*Asselino redouble d'attention*). Cet homme sensible, dit-on, s'engagerait dans le contrat à respecter, à faire respecter par ses héritiers le tombeau de mon époux; il me donnerait une clef du jardin, et j'aurais ainsi la permission de venir, quand il me plairait, pleurer sur la cendre de

Berny. Cela serait commode, attendu que l'acquéreur en question, résidant toujours en Avignon, ne ferait de ceci qu'une maison de campagne, où il viendrait très-rarement. Que me conseillez-vous? — De conclure cette affaire qui me paraît très-bonne. (*La joie se peint sur tous les traits d'Asselino.*) Mais, ma nièce, cet homme connaît-il le Paradis? — Il le connaît, Asselino l'assure. — Et combien en offre-t-il? — Deux cents mille francs. — La somme est forte, exagérée même; mais enfin puisqu'il l'offre, ce n'est pas à nous à y trouver à redire. Et le marché se concluerait?.... — Sur-le-champ; il paierait comptant. — Diable! c'est une très-bonne chose que cela.

Et vous, demande le père Au-

gely, que deviendriez-vous, Aura?
— J'irais me retirer à jamais dans ma ferme près Courtheson, avec Aloyse et vous mon oncle, si vous vouliez bien y accepter une retraite, triste sans doute, mais offerte par l'amitié. — Moi, vous quitter, ma nièce, ah! jamais... Cependant il serait nécessaire qu'avant tout je fisse un voyage à Paris pour porter à ces Rynueval....
— J'entends, et je vous en remercie ; car vous sentez bien qu'il me serait trop cruel d'aller moi-même acquitter cette dette. — Voilà qui est dit ; Asselino, fais-nous voir ton acquéreur, et amène-nous un notaire.

Asselino ne se fait pas recommencer cet ordre, qui paraît le combler de joie ; il sort en disant :

Je selle un cheval et pars sur-le-champ; je n'ai que douze lieues à faire pour aller et revenir; il est midi, demain matin je vous amène tout votre monde ; car ce soir....
— Sans doute, sans doute.

Asselino part.

C'est un bon serviteur, continue M. Dabin! Comptez-vous le garder, ma nièce ? — Il m'a demandé sa retraite. Cela m'a fait de la peine, sur-tout après une perte aussi récente ; mais je n'accuse point son cœur. Il est âgé ; il a acheté une maisonnette ici près; il veut s'y retirer; j'y ai consenti. — Et Prudence ? — Oh! Prudence me reste. La mort de Berny lui a fait tant de peine qu'elle garde le lit depuis deux ou trois jours. Mais vous, bon père Augely, que ferez-vous ?

— J'ai encore six mois à passer en Provence. J'y resterai dans ma maison du Mée, qui est à un pas de votre ferme ; nous nous verrons tous les jours, et d'ailleurs, j'ai des affaires en Avignon.... J'ai promis à M. de Faskilan d'y visiter un certain particulier...... Oh ! dès demain, ou après-demain au plus tard..... nous verrons ; il n'est pas encore où je veux le mener !.....

— Comment ? — Vous saurez tout cela par la suite.

On passa la journée à parler d'Adalbert, de ses noirceurs présumées, et madame Berny qui n'avait jamais eu de confiance en cet homme, ne fut pas éloignée de l'accuser de toutes les fautes de son fils.

Le lendemain matin, Asselino

revint, amenant dans une voiture un notaire et un petit vieillard, dont la figure paraissait des plus respectables. Le vieillard, qui se nommait M. Delombre, causa d'abord avec madame Berny, parut partager sa peine d'avoir perdu un époux dont tout le monde estimait les vertus; puis il examina la propriété dans tous ses détails, fit des questions, éleva des doutes, quelques difficultés même, et proposa enfin de terminer.

Avant d'écrire, le notaire qui examinait le religieux Mathurin, lui dit : Je ne me trompe pas, je crois; Monsieur est le respectable père Augely ? — Et vous, Monsieur, vous êtes monsieur Tienny? J'irai vous voir ces jours-ci; j'aurai à vous parler chez vous, dans votre cabi-

net, de l'affaire la plus importante....
— Je serai à vos ordres. — Silence, s'il vous plait; il ne faut pas qu'on se doute de cela ici.

Pendant qu'on dressait le contrat, le père Augely alla un moment au jardin, et resta bien étonné de voir, dans un coin, Asselino qui causait vivement avec un autre vieillard plus grand que l'acquéreur. Aussitôt qu'ils aperçurent de loin le père Augely, tous deux, suivant leur coutume, se retirèrent avec effroi, et on ne les vit plus.

Le père Augely rentra au salon; il se promit d'avoir une explication avec Asselino, qu'il soupçonna connaître parfaitement l'étranger aux lettres anonymes.

Le contrat dressé, signé, M. Delombre compta la somme, et

demanda qu'on lui livrât les clefs le plutôt possible. Madame Berny les promit pour la semaine suivante.

II.

O inexplicable manie d'un vieillard mourant, qui mit séparément tous ceux qui l'entouraient dans sa confidence, et sans leur permettre de se la communiquer!

Le père Augely trouva enfin Asselino seul, et put lui parler sans témoins. Asselino, lui dit-il, nous eûmes, le printems dernier, une conversation relative aux lettres anonymes que Berny recevait d'un inconnu; tu me parus ignorer, ainsi que moi, de quelle main venaient ces lettres mystérieuses; je crois même me rappeler que tu me juras, oui par serment, que tu ne connaissais nullement cet étranger.... cependant aujourd'hui, j'ai de forts soupçons que tu m'as trompé, que tu as par conséquent été parjure envers l'honneur et l'amitié. — Je ne puis, Monsieur, avoir été ni être parjure; car mon habitude est de ne jamais faire de serment. Je ne vous en fis point alors, rappelez-vous-le bien, et je n'en prononcerai pas davantage en ce moment, quelque question que vous me fassiez. — Voyons, Asselino; causons tranquillement, et daigne me répondre comme à un homme qui t'estime, qui t'aime, et qui n'a jamais voulu, ainsi que toi, que le bonheur de ses amis. D'abord, dis-moi pourquoi, après m'avoir témoigné tant d'intérêt pour Jules, tant de méfiance envers l'hypocrite à qui on l'a confié, tu n'as plus ni parlé, ni agi, depuis que cet imprudent jeune homme est parti d'ici? Tu ne m'as pas écrit une seule fois, à moi, ni à personne, et tu as témoigné la plus froide insouciance sur ce que pourrait devenir ce jeune homme entre les mains du méchant que tu sais fort bien apprécier : réponds-moi sur ce point.

Asselino soupire, lève les yeux au ciel, et dit : Ah! Monsieur, je ne suis pas resté dans l'inaction, Dieu m'en est témoin; mais tous mes efforts ont été inutiles.... de toutes les manières. — Comment de toutes les manières ? (*Asselino se remet.*) — je veux dire que je n'ai pas cessé de donner à mon maître les avis que la prudence me dictait.... Vous savez qu'il était faible, confiant, et qu'il se refusait toujours à soupçonner Adalbert. Et puis, nous avons eu tant d'occupations ici ! La maladie de Mlle Duverceil, celle de M. Berny, qui a été longue, douloureuse...... Qu'avais-je à vous mander? je vous savais à Paris; je vous croyais sans cesse avec Jules, le guidant, lui dictant de sages conseils. Je ne me doutais pas qu'ainsi que vous l'avez dit à Madame, son argus vous empêchât de le voir fréquemment.... Je vous le répète, mon père; non, oh ! non, je ne suis pas resté dans l'inaction !

Et il soupire encore. Le père Augely ne paraît pas très-satisfait de cette excuse. Fort bien, Asselino, lui dit-il, il faut bien que je te croye..... Revenons au point principal, et c'est là-dessus que j'exige une réponse franche de ta part. Quel est cet homme à qui je t'ai vu parler dans le jardin, et qui a disparu avec effroi à mon aspect? — Cet homme? — Oui? — Ah! c'est un bon fermier des environs, qui venait.... — Non, ce n'est pas là un fermier; son air noble, imposant, je ne l'ai vu que de loin; mais sa mise, sa tournure, ne m'ont point paru du tout appartenir à un fermier. — C'est pourtant un cultivateur des environs, je vous l'affirme.

Le père Augely le regarde froidement, et continue: Ecoute, Asselino, j'ai des yeux et de l'expérience. Ta joie d'hier ne m'a point échappé quand madame Berny a parlé de vendre cette maison ; quand elle a paru accepter l'offre de M. Delombre..... Il y a dans tout cela quelque chose que tu me caches, et que je voudrais bien connaître. Dans l'intention où est madame Berny de vendre le Paradis, il se trouve sur-le-champ un acquéreur là, à point nommé. Cet acquéreur, c'est toi qui le connais, qui le propose, qui le présente. Il offre de lui-même un prix exorbitant de cette propriété ; il ne se refuse à rien ; il accepte la servitude gênante de respecter le tombeau des Berny, de laisser à la veuve une clef du jardin. Il annonce qu'il ne viendra pas ici plus de trois fois par an ; il a l'air en un mot de laisser madame Berny maîtresse encore de son bien, tout en le lui achetant. Cette Dame, désespérée, ne fait pas toutes ces réflexions; mais elles me viennent en foule, à moi! et, pendant ce tems, tu parles vivement à un étranger, qui se sauve, ainsi que toi, à mon approche. Asselino !... — Eh bien, mon père ? — Tu connais l'homme aux lettres anonymes, et cet homme est celui de ce matin. — Monsieur Delombre ? — Non pas M. Delombre, tu veux me donner le change; mais tu ne saurais mentir; tu te troubles, et je vois que j'ai deviné. — Mon père.... non, vous n'avez rien deviné.... mais, de grace, ne me pressez pas, n'exigez pas... je vous en conjure.... à genoux.

Asselino se précipite, en fondant en larmes, aux pieds du religieux, qui le relève en s'écriant, très-ému : que fais-tu là, Asselino ? — Je vous supplie de ne pas me questionner davantage ; je ne pourrais vous répondre..... Mon devoir !.... un serment sacré !.... Vous connaissez les lois du devoir, la religion des sermens ? — Sans doute, et moi-même je suis soumis à cette contrainte d'un serment que rien ne me ferait trahir. — Eh bien, mon père, daignez juger mon cœur d'après le vôtre ; si j'ai promis le secret ? — Tu dois le garder. — Eh ! croyez que mon but, mes intentions, mes actions, toutes mes démarches ne tendent qu'au bonheur de la famille Berny ? — Tu es un honnête homme, attaché à tes maîtres, j'en suis persuadé. — S'il y a un mystère dans tout cela, un mystère bien impénétrable, puisque je suis forcé de vous le cacher, à vous, à vous, le meilleur ami de mes maîtres ! soyez sûr, bien sûr, mon père, qu'il n'a été jusqu'à présent, qu'il ne sera jamais qu'à l'avantage de ces maîtres pour lesquels je sacrifierais ma vie ! Si tout n'a pas réussi encore au gré de mes souhaits, ce n'a pas été ma faute, oh! non, Dieu le sait !.... Ainsi nous agissons, vous et moi, pour le bien de nos amis, par des moyens différens peut-être ; mais nous sommes certains qu'ils ont le même but. Ayez donc, bon père, l'extrême bonté de me laisser mes secrets, comme je dois respecter les vôtres. — Oui, oui, oh! oui, mon cher Asselino. — J'ignore ce que vous savez ; je présume seulement qu'ayant connu Adalbert jeune et près de M. Evrard, vous avez jugé cet homme comme un être faux, hypocrite, capable de toutes les noirceurs.... Si vous êtes plus instruit sur...., la nature.... de ses prétentions, c'est ce que j'ignore et ce que je dois ignorer, tant que vous ne vous en ouvrirez pas davantage avec moi. Je vous ai parlé avec toute la franchise de mon ame, mon père, je vous ai appris qu'un serment sacré.... — En voilà assez, mon ami, je ne te presserai plus de questions indiscrettes ; sois sûr que jamais je ne me permettrai de t'interroger.... mais tu me promets de toujours me seconder dans ce qui pourra être utile à madame Berny, à son fils, pour démasquer Adalbert, par exemple, si nous le pouvons ? — Oh! c'est cela que je vous jure, et fermement. Pour démasquer Adalbert! cela ne sera pas difficile, et j'y travaille déjà. —Bon! comment ? — C'est... pardon ; c'est encore un de mes secrets. Agissez de votre côté; moi, du mien, et.... — Je ne perdrai pas un moment : dès demain, je vais voir M. Tienny. — Monsieur.... Tienny?... plaît-il ?

Asselino a l'air très-étonné. Le père Augely sent que son devoir ne lui permettait pas de parler de ce notaire au vieux serviteur ; le religieux rougit, et se reprend en balbutiant : Je veux dire que sans doute M. Tienny me mettra au fait.... de certaines particularités.... —Mon père, vous êtes plus éclairé que je ne le croyais. — Et toi?.... Toi aussi !

Ils se regardent comme deux gens qui n'osent plus se communiquer leurs pensées. Moment de silence très-expressif. Le père Augely le rompt. Adieu, dit-il, adieu, Asselino; terminons cet entretien, qui pourrait finir par nous rendre coupables, parjures tous les deux. O inexplicable manie d'un vieillard mourant, qui mit séparément tous ceux qui l'entouraient dans sa confidence, et sans leur permettre de se la communiquer!....

Asselino se jeta dans les bras du religieux Mathurin, qui lui permit de l'embrasser, et tous deux se serrèrent comme deux bons amis. C'est ainsi que la probité, la vertu rapprochent les distances.

Le lendemain, le père Augely se rendit à Avignon, où il entra chez M. Tienny, qu'il trouva heureusement seul dans son cabinet.

Autre entretien entre ces deux personnages, que je vais rapporter à mon lecteur, et qui jettera peut-être quelque jour sur les projets, comme sur les espérances d'Adalbert.

M. Tienny est un homme âgé; mais l'habit du Mathurin lui inspire un juste respect; il se lève, et lui offre un siège que le père accepte.

Monsieur, lui dit le père Augely, avant de vous mettre au fait de l'objet de ma visite, qui peut-être est un peu contraire aux lois qui qui me sont imposées, daignez me permettre de vous demander votre parole d'honneur que vous ne révélerez à qui que ce soit le sujet de notre conversation? — Je vous la donne, mon père. — Avec cette assurance, je puis me permettre de vous faire quelques questions qui soulèveront à vos yeux un coin du voile dont je dois couvrir à jamais le secret qui me fut confié, et que vous partagez. — Parlez.

Le père Augely baisse la voix : Vous m'avez vu, Monsieur, chez M. Evrard Berny ? — Oh ! je me rappelle très-bien qu'autrefois j'eus l'honneur.... — Nous revînmes ensemble des îles, où il me rencontra lorsque j'étais chargé d'une mission de rédemption de captifs par mon couvent. Nous nous étions liés de la plus étroite amitié, quoique son caractère bizarre, romanesque, fût absolument opposé au mien ; mais il avait de la probité, des vertus, un excellent cœur ; passons. Il eut un fils qu'il déshérita. — Je le sais.

— Cet infortuné, qui devint père à son tour, vient de mourir ; il laisse un fils, un jeune homme de vingt-un ans, Jules, qu'un hypocrite, un misérable, un nommé Adalbert, vient de pousser aux vices les plus honteux. Vous vous souvenez d'Adalbert de Faskilan ? — Parfaitement. — Et vous devinez par quels motifs il en agit ainsi. — Je ne vois.... pas.... trop.... — Il est inutile de feindre avec moi ; je sais tout ; je suis au fait de tout. Le vieillard m'en fit la confidence avant de mourir, et vous êtes le seul à qui je puisse en parler sans crime, puisque vous savez ce secret aussi bien que moi. — Vous me parlez d'un secret ? — En grace, veuillez ne pas dissimuler, monsieur Tienny. Avec un homme de mon âge, de mon caractère, et qui manque presque à son devoir en vous faisant cet aveu, vous pouvez vous ouvrir, causer, répondre franchement. Je sais qu'Adalbert doit vous voir, réclamer le prix qu'il croit lui appartenir, et c'est pour vous prévenir sur les actions, sur les torts de ce méchant homme, que je le devance auprès de vous. C'est enfin pour vous conjurer de ne vous dessaisir de rien en sa faveur. — Je ne vous comprends pas..... — Ecoutez-moi.

Le père Augely se rapproche du notaire, et dit ce qui suit tout-à-fait bas : Vous fûtes le notaire, l'homme de confiance d'Evrard Berny ? — J'eus toute sa confiance, il est vrai, et j'ose me glorifier d'avoir su la mériter ? — Vous sçutes qu'il rapporta des îles des sommes considérables. — Il me l'apprit, — En arrivant en France, et pour juger de la conduite de son fils pendant son absence, il feignit de n'avoir gagné là-bas que de quoi le faire vivre avec peu d'aisance. — Nous accréditâmes, vous et moi, ce petit mensonge, et son fils Berny le crut. — Furieux contre Berny, qui avait épousé la fille de son plus mortel ennemi, aveugle sur le compte d'Adalbert, qu'il avait adopté, qu'il chérissait tendrement, il voulait laisser à ce dernier toute sa fortune. — Je m'en souviens. — Mais, changeant avec raison d'idée, il se décida à la mettre en dépôt entre vos mains. — Il savait que j'étais incapable d'en abuser. — Ces trois millions qu'il cachait à tous les yeux, ces pierres précieuses, cette immense fortune enfin, vous étiez chargé de les remettre à Jules ou à Adalbert, suivant que l'un ou l'autre aurait rempli les clauses de son testament? — Cela est vrai. — Vous restâtes deux heures seul, enfermé avec lui, il vous dicta ce singulier testament; et vous chargea du soin de l'exécuter? — C'est l'exacte vérité. — Ainsi puisqu'aujourd'hui vous êtes dépositaire de ce riche trésor, vous devez sentir qu'Adalbert.... — Comment? — Oui, vous devinez qu'Adalbert va se présenter chez vous, vous prouver que les dernières intentions d'Evrard ont été suivies à la lettre, que son petit-fils Jules est indigne de son héritage, que cet héritage lui appartient à lui Adalbert, puisque les vingt-un ans fixés pour la délivrance du legs sont révolus, puisque Jules, en devenant un parfait mauvais sujet, n'a pas rempli le vœu de son aïeul, qui ne lui laissait sa fortune qu'à condition qu'il serait un modèle de toutes les vertus. Adalbert va réclamer.... — Quoi, monsieur? — La cassette que vous possédez, où sont renfermés les millions, les diamans. —(*M. Tienny sourit.*) Je vous jure, Monsieur, qu'Adalbert n'aura rien. — Ah! vous me rendez la vie. — Oh! il s'en retournera comme il sera venu; je vous le promets bien. — Vraiment, monsieur Tienny, vous aurez la fermeté de lui refuser.... — Pourrai-je faire autrement, puisque moi-même je n'ai rien entre les mains. — Comment! — Non!... Evrard ne m'a confié aucun dépôt; je n'ai rien à lui, je vous le répète. — Oh, ciel!

Le père Augely se lève et recule deux pas, avec l'étonnement d'un homme qui ne sait s'il a affaire à un fripon capable de nier un dépôt. La probité reconnue du notaire lui en impose cependant, et il n'ose l'accuser. Est-il possible, monsieur, que vous n'ayez point chez vous.... — Cela est. — Cette cassette ? — Je ne l'ai jamais vue. — Mais le testament ? — Je ne l'ai point dressé. —Vous n'avez ni cassette, ni testament ? — Rien de tout cela. — Ma surprise est au comble! Eh! qu'est donc devenu cet héritage si considérable ? — Je l'ignore. — Vous l'ignorez ? Ah! grand Dieu! me serais-je abusé sur le compte d'Adalbert ? l'aurais-je soupçonné à tort !... Mais Evrard m'a pourtant dit à moi.... — Qu'il m'avait confié sa fortune ? — Oui, oui, que vous en étiez le fidèle dépositaire ; ce sont ses propres expressions. — C'est encore un mensonge qu'il vous a fait. Il n'en était pas avare, le cher homme, pour satisfaire ses goûts romanesques. Vous devez me connaître, Monsieur, et vous bien persuader que je me ferais un crime de nier.... — Oh ! je vous crois ; mais encore une fois, qu'est donc devenu son héritage ? Adalbert s'en serait-il emparé après sa mort ? Dans ce cas, il n'aurait eu aucun intérêt à pousser le jeune homme au vice, comme on suppose qu'il l'a fait.... J'en reviens toujours aux dernières paroles que m'a dites Evrard. Par son testament, selon lui, vous aviez ses fonds chez vous, ignorés de tout le monde. Vous deviez attendre que Jules eût atteint l'âge de vingt-un ans ; alors, s'il eût été prouvé qu'il se fût toujours bien conduit, vous étiez autorisé à lui remettre la fortune de son aïeul ; dans le cas contraire, Adalbert devait la toucher, devenir son légataire universel. Il me fit cet aveu dans le secret de la confession, et vous sentez bien que lui ayant juré sur le saint Evangile de garder ce secret impénétrable, je ne pouvais en parler qu'avec vous, le seul à qui, selon lui toujours, il eût avoué qu'il m'en eût fait la confidence. J'ai trahi mon devoir, je le sens, je ne me le pardonnerai jamais ; cependant pouvais-je soupçonner qu'il m'avait fait un conte, ainsi qu'à vous apparemment. Mais que vous dit-il dans l'entrevue qu'il eut avec vous? — Veuillez vous asseoir, mon père, et vous me jugerez mieux après m'avoir entendu.

Le père Augely s'asseoit; le notaire continue : Dans cette entrevue, Monsieur, seul avec lui, près de son lit de douleur, il me parla bien de ses intentions, qu'il me déclara de la manière dont vous venez de les exprimer : il me dit qu'il voulait déshériter son petit-fils en faveur d'Adalbert, mais en cas seulement que ce petit-fils ne se conduisît pas bien jusqu'à l'âge de vingt-un ans. Il me fit écrire, sur papier mort, toutes les clauses de ce bizarre testament, auquel j'aurais ajouté les formes voulues par la loi. Il garda ce brouillon, voulant y réfléchir ; il me pria de repasser le lendemain pour écrire ce testament dans les règles, pour faire emporter chez moi une cassette qu'il me montra, et dont il me chargeait en effet d'être le dépositaire. Il me fit même compter les trois millions, étaler les pierreries ; oh! tout cela y était bien ; mais voilà tout ; mon ministère se borna là, et je ne pus retourner chez lui le lendemain, puisque, dans la même nuit, il mourut sans tester. — Quelle conduite étonnante! Le soir même de votre entrevue, il demande à être confessé, administré par moi ; il m'affirme qu'il a fait porter chez vous cette cassette, et que vous avez reçu son testament! Qui donc s'es emparé du trésor? Oh! oh, Adalbert en sait quelque chose, et Asselino davantage! — Telle est, mon père, l'exacte vérité; j'espère que vous ne conservez aucun doute... — Sur vous, monsieur Tienny? eh! vous êtes le plus honnête homme que je connaisse.... Cet Evrard aurait-il donné sa confiance à quelqu'autre qui me serait inconnu? A propos d'inconnu, il me vient d'étranges soupçons! celui qui écrivait à Berny, que le serviteur Asselino voit sans doute, qui se sauve à mon aspect, qui porte enfin un si vif intérêt à la famille Berny; c'est cela, oh! c'est cela!... Vous vous troublez, monsieur Tienny! — Moi, mon père, pas... du tout. — Pardonnez-moi, vous changez de couleur. Cet étranger, il a le testament, la cassette, et vous le connaissez aussi? — Je ne sais.... de qui vous me parlez. Depuis ma dernière entrevue avec Evrard mourant, je n'avais nul intérêt à remettre le pied dans sa maison ; je n'ai vu ni ses enfans, ni personne de sa famille. — Allons, tout cela se débrouillera peut-être un jour. *Il faut qu'il soit vertueux*, écrivait l'inconnu. Il est au fait, il n'y a pas de doute. Dans tout cela, une réflexion me console ; c'est qu'Adalbert, s'il n'a pas spolié la succession, n'aura rien à vous demander, rien à recevoir de vous, et que, s'il ignore comme moi en quelles mains est passée cette succession, il aura en pure perte accumulé noirceurs sur noirceurs; car vous sentez bien que son intérêt était de perdre Jules, pour accomplir le vœu du testateur. Il viendra vous voir ; oh ! il est persuadé que vous avez tout en dépôt, ici. — Eh bien je lui ferai la même réponse qu'à vous. — Je ris, en vérité, quoique je n'en aye pas d'envie, je ris de sa surprise et de son accablement. Il aura fait le mal pour le plaisir de le faire, et la récompense lui échappera. O justice éternelle !... Adieu, Monsieur, je vous rappelle la promesse que vous m'avez faite de ne révéler à qui que ce soit notre entretien, moins encore à M. de Faskilan, et je vous remercie des explications que vous avez bien voulu me donner. Elles embrouillent ma pauvre tête ; mais enfin, je saurai peut-être quelque chose d'Asselino.

Le père Augely quitta M. Tienny,

et revint au Paradis, où il prit encore Asselino à part. Il lui confia l'inutilité de la démarche qu'il venait de faire. Il l'interrogea de nouveau sur ce qu'était devenu le trésor après la mort d'Evrard, et sur l'étranger aux lettres mystérieuses. Il ne tira d'Asselino que ces seules réponses : Je ne puis vous le dire; il m'est défendu de vous en instruire; un serment sacré me force au silence sur toutes ces choses; mais le moment approche où vous saurez tout, et alors j'ose me flatter que, bien loin de me blâmer de ma discrétion, ma conduite dans cette affaire m'acquerra quelques degrés de plus à votre estime, la seule récompense à laquelle j'aspire.

Il fallut bien que le religieux se contentât de ces protestations.

M. Dabin partit pour Paris, où il devait payer les Rynneval, et tirer de leurs mains une renonciation à toutes poursuites contre Jules. Quelques jours après, on remit les clefs du Paradis à M. Delombre ; l'infortunée veuve Berny alla s'établir, avec sa nièce et Mlle Prudence, dans la petite ferme de la Chevrotière, près Courthezon, où nous les retrouverons sans doute un jour. Le père Augely alla de son côté habiter sa jolie maison du Mée, qui était à cinq cents pas de la ferme; et Asselino, après avoir remercié sa maîtresse de tous ses bienfaits, s'en sépara, pour finir, disait-il, ses jours dans la petite propriété qu'il avait achetée près d'Orange.

Malgré les justes, les longs et douloureux regrets qu'excite la perte de M. Berny, il existe néanmoins à présent quelques momens de calme dans la ferme où sa veuve et sa nièce se sont retirées : profitons de ce calme, qui ne sera pas de longue durée, et revenons à Jules, que nous ne quitterons plus, ou le moins possible.

III.

Eh, quand on me pardonnerait, ne serais-je pas toujours coupable à mes propres yeux!

Mon lecteur sait que la Saint-Elme, Agathe, Dennecy et Jules sont cachés à Montélimart, dans la maison de campagne de l'italien Palzi, ancien amant d'Agathe, homme sans honneur et sans délicatesse. Une indisposition assez grave survenue à la perfide Agathe leur fait craindre de rester long-tems dans cet asile, où d'ailleurs ils n'auraient rien à redouter si la trahison ne cherchait à les y atteindre. On sait encore qu'Adalbert a pris ce lâche moyen pour s'assurer de Jules, afin d'obtenir contre lui un jugement flétrissant, dont ce vil Adalbert a besoin pour réclamer de M. Tienny les riches trésors qu'il croit bien fermement déposés entre les mains de ce notaire.

Pendant qu'Agathe est malade au lit, Dennecy entre un matin, tenant un papier blanc ouvert à sa main, chez Jules, qu'il trouve plongé dans ses tristes réflexions. Dennecy est pâle, agité. Jules, lui dit-il avec humeur : il faut que vous me rendiez un service. — Lequel ? — Vous n'ignorez pas que sur les quinze mille francs que j'ai dérobés à M. Dupont, vous m'en devez bien légitimement six mille, que je vous ai prêtés ? — Fort bien Monsieur, rappelez-moi des torts dont je rougis! — Vous plaisantez, je crois! il faut bien que je vous les rappelle, puisqu'ils sont en partie la cause des miens. — Eh! sans vous... — Point de reproches; traitons ceci tranquillement. Jules, je fus ton ami; je te l'ai prouvé; je le suis encore; mais il faut que tu répondes à cette amitié à laquelle je me suis livré trop aveuglément. — Parlez, Monsieur; qu'exigez-vous de moi? — Une reconnaissance, un billet des six mille francs que tu me dois. — Moi, que je vous souscrive un billet, et avec quoi l'acquitterais-je, grand Dieu! — Avant de t'en parler, je me suis adressé à ton oncle Adalbert; je l'ai conjuré de t'avancer cette somme, de la porter chez mon banquier, de le calmer par cette restitution, d'écrire à mon père, de prendre enfin tes intérêts et les miens. Cet homme, qui m'avait déjà remboursé cent louis il y a quelques mois.... — Comment ? — Oui, oui, j'avais promis de te le cacher.... Eh bien, il me refuse aujourd'hui toute espèce de service, avec une cruauté... Tiens, lis sa réponse.

Jules parcourt le billet d'Adalbert, et s'écrie : Il a raison, Monsieur, bien raison ; c'est vous qui m'avez perdu. — Il ne s'agit pas de cela ; nos fautes sont communes ; tu me dois ; je ne te demande pas d'argent ; mais au moins une reconnaissance que j'enverrai à M. Dupont, et que ton père acquittera tôt ou tard. — Mon père ! ah ! quel souvenir vous me rappelez ! — Voilà du papier, une plume ; de l'encre; écris ce que je vais te dicter? — Moi, jamais ! — C'est-à-dire que monsieur Jules renie ses dettes. — Mais, comment voulez-vous que j'accable de nouveau mon malheureux père, qui peut-être déjà vend, s'exécute pour appaiser la famille Rynneval. — Cela ne me regarde point. Ecoutez, Jules; je n'ai que cette ressource pour me tirer d'affaire. Si vous me souscrivez ce billet, je l'envoie à M. Dupont, dans une lettre de repentir, sans lui indiquer ma retraite ; je m'adresse en même tems à mon père, et je suis sûr de calmer l'orage qui s'est amoncelé sur ma tête. Si vous me refusez cet acte de justice, j'écris, malgré vous, à M. Berny, qui est trop probe pour ne pas acquitter cette dette ; et, en cas d'un second refus de sa part, mon parti est pris, je cours me livrer moi-même à la justice ; je vous perds en même tems, et nous verrons si mon père souffrira le déshonneur de son fils, le sien propre. — Grand Dieu ! tout m'accable à la fois ! — Mon affaire est plus facile à arranger que la vôtre. Avec de l'argent, je m'en retire ; mais vous, un homme de tué ! la honte, l'opprobre peuvent couvrir à jamais votre front, celui de votre père. — Oh ciel ! — Ces Rynneval sont puissans ! — Cessez, ami lâche et perfide..... — Point d'injures, écrivez. — Vous auriez la barbarie ? — J'y cours de ce pas, si vous vous obstinez... — Dictez, cruel, dictez ; je souscris à tout.

Jules, égaré, hors de lui, fait à Dennecy la reconnaissance qu'il réclame ; puis en la lui donnant, il lui dit avec indignation : vous êtes satisfait Monsieur ; que désormais il n'y ait plus rien de commun entre vous et moi. Me séparer de vous, vous fuir, est maintenant le seul but auquel j'aspire, et bientôt....

Dennecy ne le laisse pas finir, il se retire ; et Jules, qui vient d'ajouter aux embarras qu'il cause à sa famille, Jules, qui se promet d'ailleurs de ne revoir jamais ses parens, forme le projet de sortir, pendant la nuit, de la maison de Palzi ; de se séparer des vils personnages avec lesquels il se trouve malgré lui. Agathe seule l'occupe toute la journée. Il se doute de ses anciennes liaisons avec le maître de la maison ; comme elle ne se gêne plus devant Jules, notre jeune homme s'aperçoit enfin que c'est une fille comme la Saint-Elme. Mais elle est si jolie! il l'aime toujours; eh puis elle porte en son sein un gage!.... Jules s'attendrit ensemble et rougit à cette réflexion qui le retient, qui doit au moins le retenir dans ses fers! il pense à Agathe, à son oncle Adalbert, à son père, à sa mère, à sa cousine, et il est balotté par une foule d'idées, de projets, qui tous se détruisent mutuellement.

Pendant qu'il est plongé dans ses irrésolutions, Agathe a reçu la lettre dans laquelle Adalbert lui demande son appui pour faire arrêter Jules après lequel il a envoyé des gens de justice; mais cette lettre a produit sur Agathe un effet bien différent que celui qu'en attendait notre hypocrite. Agathe a ressenti toute la nuit un accès de fièvre si violent qu'elle a craint d'en mourir. Dans un moment de calme, elle a réfléchi sur sa vie passée, et ses vices lui ont fait horreur. Elle a pensé à Jules; elle s'est accusée des maux que souffrait ce jeune homme; Adalbert lui a semblé être un monstre dont elle partageait les crimes. Ce retour sur elle-même l'a pénétrée d'intérêt pour Jules, et c'est dans cette disposition aux remords qu'elle a lu la lettre d'Adalbert. Elle s'est écrié : le misérable ! non, je ne serai point complice de ce nouveau forfait.

Quand Agathe n'aurait pas dû son repentir à l'excès de sa maladie qui l'effrayait, elle n'en eût peut-être éprouvé pas moins d'indignation du projet d'Adalbert. Il est dans le cœur des femmes, quelle que soit leur conduite, un sentiment de pitié, de générosité, de tendresse même pour l'homme qui fut leur amant, qui tôt ou tard peut les rendre capables d'une belle action. Agathe se proposa soudain de sauver Jules, et de lui être utile sous plus d'un rapport, comme on le verra par la suite.

Agathe se leva, mieux portante, rafraîchie pour ainsi dire par l'idée du service qu'elle allait rendre à Jules. L'arrivée de l'exempt qui venait, de la part d'Adalbert, s'entendre avec elle pour l'arrestation du jeune homme, lui donna du courage, de la prudence; elle sut, en feignant, retarder les projets de cet exempt, et sur le soir elle écrivit à Jules le billet suivant :

« Vous êtes perdu, Jules, si vous

« ne suivez le conseil que je vais
« vous donner. Un homme affreux,
« un monstre, qui vous a trompé
« jusqu'à présent, qu'on vous dé-
« masquera un jour, veut attenter
« à votre liberté. Il a envoyé ici
« des gens de justice; la maison
« en est remplie ; c'est vous qu'on
« guette, c'est vous qu'on veut
« arrêter, fuyez; je vous en ai pré-
« paré les moyens. A onze heures,
« ce soir, la clef qui accompagne
« cet écrit vous servira à ouvrir
« la porte du bout du boulingrin
« qui donne sur la campagne. Vous
« y trouverez deux chevaux ; un
« homme sûr, qui guidera votre
« fuite, et votre valise dans la-
« quelle, pendant votre promenade
« de tantôt, j'ai renfermé vos ef-
« fets.... Suivez à la lettre tout ce

« que je vous prescris, et point de
« retard ?... Jules ! si vous méprisez
« la liberté, la vie, l'honneur, pen-
« sez à la honte que votre arresta-
« tion, un procès criminel feraient
« rejaillir sur votre père, qu'un pa-
« reil coup plongerait au tombeau.

« Ce n'est pas, pesez bien ceci,
« le dernier service que vous rece-
« vrez de votre affectionnée et trop
« repentante, hélas !

« AGATHE. »

La nuit commençait à obscurcir les arbres du jardin, lorsque Jules y reçut cette lettre, qu'il eut beaucoup de peine à lire. Qu'on juge de l'effroi qu'elle lui causa ! *un homme affreux, un monstre* attente à sa liberté ! Quel est ce monstre ! ce ne peut être Adalbert ! c'est Dennecy.

sans doute; il l'en a menacé le matin. Jules voudrait le chercher, le trouver, lui plonger dans le sein un fer vengeur. C'est une suite de la jalousie dissimulée que ce faux ami a ressentie de la liaison de Jules avec la Saint-Elme...... Mais cet avis d'Agathe est-il certain ? Oui, Jules a vu des figures nouvelles et de mauvais augure, rôder autour de la maison; il a su qu'un étranger était venu parler à Agathe en secret. Et cette Agathe, qui se dit repentante! de quoi! ah! sans doute, d'avoir manqué à ses devoirs envers sa tante.....

Jules fait ces réflexions et remonte à sa chambre où il ne retrouve plus ses effets. Il demande à voir Agathe; on lui dit qu'Agathe fait défendre sa porte à tout le monde.

Il redescend au jardin. Il ne sait à quel projet se fixer ; onze heures sonnent, et soudain un grand bruit qui se fait dans la maison, frappe son oreille. Il s'en rapproche, il entend distinctement ces mots prononcés par Dennecy : est-ce moi que vous devez arrêter, Monsieur ? Oui, répond une voix inconnue ; mon ordre me prescrit aussi d'arrêter Amédée Dennecy ; c'est vous ? — Grand Dieu ! mais Jules Berny ? — Il le sera bientôt, interrompt Agathe elle-même ; je le tiens renfermé chez moi. — Quoi ! poursuit Dennecy, vous livrez votre amant, fille barbare ! — Marchez toujours réplique l'exempt.

Jules ne doute plus de la réalité des avis d'Agathe. Il se souvient qu'elle lui a rappelé son père, la honte dont il le couvrirait, et il se précipite vers la porte du boulingrin qu'il ouvre sans peine. Un homme qu'il connaît, un domestique de la maison est là en effet avec deux chevaux sellés. Cet homme lui dit à voix basse : vite à cheval, M. Jules, nous n'avons pas un instant à perdre.

Jules monte sur le cheval qui porte sa valise; le domestique prend le second, et ils s'éloignent rapidement.

Ils galoppent ainsi, pendant la nuit la plus obscure. A une heure du matin ils se trouvent à l'entrée d'un bois. Le domestique alors fait faire halte à Jules. Tous deux descendent, et le domestique dit à notre jeune homme : je suis bien fâché, Monsieur, d'être forcé de vous laisser là ; mais j'ai l'ordre de revenir ;

de ramener même les deux chevaux, qui appartiennent à M. Palzi! — Quoi, Palzi saurait? — Rien, Je suis à son service, il faut que j'y rentre. — Et vous me laissez à cette heure, par le tems qu'il fait, seul, dans un chemin que je ne connais pas? — Vous traverserez ce bois qui n'est pas d'une grande étendue, et vous vous trouverez dans un petit hameau, où certes personne n'irait vous déterrer. — Mais encore?.... — On m'a tracé mon devoir, vous permettrez....

Jules prend sa valise qu'il charge sur son dos; puis ouvrant sa bourse, il ajoute : vous souffrirez au moins, mon ami, que je me montre reconnaissant.... — C'est inutile; mademoiselle Agathe s'est chargée de me récompenser amplement. — L'excellent cœur ! est-ce que je ne la reverrai plus ? — Je l'ignore. — Et Dennecy est arrêté ? — Il l'est. — Malheureux ! ce n'est donc pas lui qui m'a dénoncé ? — J'ignore encore une fois tout cela. Pardon, Monsieur Jules ; je n'ai pas le tems de répondre à vos questions ; il faut que je sois rentré avant le jour, afin qu'on ne se doute pas que mademoiselle Agathe et moi nous ayons facilité votre fuite : adieu. Au hameau des Landes, je vous le répète, vous serez en sûreté ; il y a à côté, un couvent où l'on reçoit toute espèce de voyageurs pendant trois jours. Je vous salue.

Le domestique remonte sur son cheval, prend l'autre par la bride, et s'en retourne au galop.

Voilà Jules, chargé de sa valise

seul, dans l'obscurité, sur une route qui lui est totalement inconnue. Comme il ne craint pas pour sa vie, il traverse lentement le bois qui est assez épais, et, parvenu à l'extrémité, il s'asseoit sur un tertre de gazon, en réfléchissant sur la bizarrerie des événemens qui lui arrivent. Il plaint Dennecy, qu'il ne peut plus accuser maintenant. Mais quel est donc cet ennemi caché qui le poursuit ? Une seule fois, sa pensée s'arrête sur Adalbert, et il en frémit, et il se repent d'un soupçon si offensant pour un homme à qui il ne connaît aucun intérêt à le perdre. Il en demande même pardon à son oncle, à Dieu, et il ne sait plus qui il doit redouter. Il est néanmoins pénétré de reconnaissance envers Agathe, qui l'a sauvé des horreurs d'une prison, d'un éclat, d'un procès diffamant, et il regrette de se voir séparé, peut-être pour jamais, de cette femme qui va lui appartenir de plus près par le lien de la maternité (Agathe, par oubli ou à dessein, ne l'a point dissuadé sur ce point).

On est dans les premiers jours de septembre ; la fraîcheur des nuits, une pluie fine qui tombe, tout glace les sens de Jules, qui, troublé par ses réflexions, se sent prêt à perdre connaissance. Le petit jour, qui paraît, l'avertit de quitter ce lieu mal-sain ; il aperçoit de loin trois ou quatre chaumières, qui sans doute composent le hameau dont on lui a parlé.

Un bûcheron entre dans la forêt pour y couper du bois. Jules lui demande en quel endroit il se trouve. Vous êtes, lui répond le paysan, qui a la figure respectable, au hameau des Landes, qui est de la paroisse de Courcy, que voilà à un pas de nous. Est-ce que Monsieur serait un voyageur égaré? — Oui, je..... suis égaré. — Cela se voit assez rarement dans nos contrées. Nous sommes si isolés, à deux lieues d'une ville, et pas de chemin, je veux dire de grand chemin. Voulez-vous accepter la moitié de mon déjeûner, que j'ai là dans ce sac? — Merci, oh, non; je n'ai besoin de rien. — En ce cas, allez tout droit. Si vous êtes fatigué, vous pourrez vous reposer trois jours dans le couvent de Saint-Isidore, que vous trouverez sur votre droite. On est là comme chez soi.

Le paysan s'éloigna, et Jules suivit la route tracée, sans but, sans savoir où il allait. Il marchait lentement, la tête baissée. Il s'arrêta quelques heures dans le hameau des Landes pour s'y reposer, y prendre un peu de nourriture ; puis il s'achemina vers le couvent de Saint-Isidore, où il avait l'intention de demander l'hospitalité.

Entré dans l'église, il y trouva une foule considérable de gens de campagne, qui semblaient réunis pour une cérémonie. L'aspect d'un jeune homme bien mis, chargé d'une valise, fit tourner tous les regards vers lui. Terrifié par ses fautes, par sa fuite, il crut d'abord qu'on le reconnaissait ; pensant ensuite à son fardeau, qui en effet pouvait paraître ridicule dans un lieu pareil, il le mit à terre, et s'agenouilla dessus pour prier Dieu de lui pardonner les chagrins qu'il causait à ses parens, et sur-tout la mort de Rynneval. Un bonne vieille femme était près de lui; elle le regardait avec intérêt. Est-ce l'usage, lui demanda Jules tout bas, qu'il y ait ici autant de monde? — Non, Monsieur ; c'est qu'aujourd'hui, c'est la fondation annuelle du prix qu'on donne à celui de nos garçons qui s'est montré le meilleur fils pendant l'année. C'est le mien qu'on va couronner, c'est mon cher Paul, le plus sensible, le plus docile des enfans. Tenez, regardez, voilà qu'on l'amène.

La cloche du couvent sonna en grande volée, et Jules vit en effet le prieur qui entrait au chœur, conduisant par la main un jeune laboureur, d'à-peu-près vingt à vingt-deux ans, de la figure la plus douce et la plus intéressante. Vous savez, dit le prieur aux assistans, que le respectable seigneur de Courcy a fondé un prix de cent écus, qui doit être donné chaque année au meilleur fils qui soit dans vos campagnes. Ce prix est adjugé cette année à Pierre Desmarres, que voici, fils de Jean Paul Desmarres, et de Catherine-Marie Raisin. Pendant l'épidémie, qui a retenu, l'hiver dernier, dans leur lit, son père et sa mère, ce vertueux jeune homme, qui n'a jamais quitté leur toit paternel, en a construit un autre, seul, sans aide, sans maçon ni charpentier; oui, il a bâti une autre maison à ses parens, plus grande, plus belle, plus commode ; et, non content de cela, il leur a fait un abandon général d'un champ voisin, qu'une tante lui avait légué ; heureux, content, disait-il, d'être toute sa vie, le premier, l'unique serviteur des auteurs de ses jours.

Ce trait fit couler des larmes de tous les yeux. Paul seul n'en parut pas ému. Il reçut avec modestie la couronne de myrte et les cent écus, qu'il remit soudain entre les mains de son père, en lui disant : T'nais, mon père, v'là pour adoucir vos vieux jours.

Le service divin suivit cette simple, mais touchante cérémonie ; et pendant qu'on le célébrait, deux ruisseaux de larmes coulèrent des yeux de Jules, qui se courba vers la terre, afin qu'on ne s'aperçût point de sa douleur. Quel tableau, se dit-il, et combien il ajoute à mes remords! Je fus, je voulus être aussi vertueux que ce laboureur ! je l'avais promis à Asselino, à mon père, à ma cousine, à tout le monde ; et aujourd'hui je suis leur honte, l'auteur de leurs chagrins éternels ! O sentier de la vertu ! ta trace est perdue pour moi ; je t'ai quitté !.... et quand on me pardonnerait, ne serais-je pas toujours coupable à mes propres yeux !....

Jules se livra si long-tems à l'excès de son repentir, que la messe était finie et l'église vide, lorsqu'il se sentit légèrement presser le bras Jules se lève ; il reconnaît ce même prieur du couvent, qu'il vient de voir, et qui n'a plus ses ornemens. Jeune homme, lui dit le prieur avec sensibilité, vous pleurez, vous avez du chagrin; quelque grand remord paraît vous troubler; ne voudriez-vous point vous approcher du tribunal de la pénitence? — Oui, oh! oui, mon père, je le veux, j'en ai besoin; à l'instant si vous le permettez.

Le prieur lui fait signe de la main de le suivre à un confessionnal prochain; et Jules, en taisant son nom, celui de son père, soulage son ame du poids de ses fautes, qu'il verse dans le sein du vénérable religieux.

Le prieur le consola, le calma, lui fit espérer que ses remords lui mériteraient le pardon de son père, celui de l'Etre suprême, et il l'engagea à passer quelque tems dans le couvent.

Jules accepta, resta huit jours

près du bon prieur, qui, par ses avis, son doux entretien, ramena peu à peu dans son cœur la consolation, la paix et le desir de redevenir vertueux.

Pendant son court séjour au couvent, Jules ouvrit sa valise, et fut bien étonné de trouver, dans le fond, une somme de mille écus, avec ces deux mots écrits de la main d'Agathe.

« Acceptez sans rougir ; ce n'est
« qu'une trop juste restitution de
« la part d'une femme coupable...
« Vous saurez tout un jour. »

On me traite, se dit-il, ainsi qu'on fait de mon père, comme un héros de roman ! Quel est donc ce mystère impénétrable ?... O mon Dieu ! permettrez-vous qu'enfin il se dévoile à mes yeux.

Jules ne pouvait refuser cette somme, et d'ailleurs on la lui proposait comme une restitution. Il se promit de s'en servir, en attendant qu'il pût juger à quel motif il la devait.

Jules quitta enfin le prieur, qui lui remit une lettre pour un de ses amis, propriétaire d'une jolie maison pour laquelle cet ami cherchait un locataire, à dix lieues de là, sur la gauche de Saint-Andiol.

Jules n'ayant aucun projet, sachant bien qu'il n'était qu'à six lieues de l'habitation de son père, voulut néanmoins se fixer dans les environs de cet asile respectable, où il n'avait nulle intention de pénétrer; mais le bonheur de se sentir près de ses parens, de respirer, pour ainsi dire, le même air qu'eux, était tout pour lui.

Il marcha toute la journée, et rencontra, sur le soir, une ferme isolée, dans laquelle il demanda l'hospitalité , voulant éviter de loger dans des auberges où son signalement pouvait être parvenu.

IV.

Courage, jeune infortuné; vous êtes chez un honnête homme, qui se fera un bonheur de vous rendre la santé.

On lui accorda cette hospitalité qu'il désirait; mais tout paraissait en désordre dans la ferme, dont le maître ne cessait pas de verser des larmes. Jules en demanda la cause; on lui dit que la mère du fermier, vieille et respectable femme, était dangereusement malade. Jules, qui dans les cinq années qu'il avait passées au Paradis, avait, en herborisant, étudié les vertus de diverses plantes, promit au bon fermier de voir sa mère, et d'essayer de la guérir ; ce qu'il fit dès le lendemain matin.

Ses essais réussirent si bien qu'au bout de quinze jours que Jules resta dans la ferme, pressé par les instances de son hôte, la bonne dame se sentit soulagée, et qu'on eut l'espoir de la sauver. Elle ne formait plus qu'un vœu, c'était de voir sa chère demoiselle. C'est ainsi qu'elle désignait une jeune personne qu'on attendait de jour en jour, et qu'on disait être la candeur, la bonté sur la terre.

Un matin, Jules, qui veut terminer heureusement sa cure, sort pour herboriser. Ce travail attachant l'occupe, et il voit à peine le petit-fils de sa malade qui passe rapidement près de lui, en s'écriant : Notre demoiselle est arrivée ; elle est arrivée, notre demoiselle; je cours, monsieur Jules, je cours bien vite l'embrasser!

L'enfant gagne la ferme à toutes jambes, et Jules poursuit son utile promenade. L'étude qu'il fait des plantes, ses réflexions sur sa famille, sur ses malheurs, tout l'entraine plus loin et plus long-tems qu'il ne le voulait. Le jour était près de finir qu'il était encore à herboriser. Il se trouvait alors sur le sommet d'un côteau très-élevé. A sa droite, et près de lui, était une espèce de précipice très-profond, presque à pic, boisé d'épaisses bruyères, et terminé par une marre d'eau verte, stagnante, couverte de mousses et de plantes marécageuses. Tandis que Jules considère cette cavité effrayante, il entend marcher précipitamment vers lui; on prononce même ces mots : *Le voilà, c'est Jules !....* et cette voix ne lui paraît pas étrangère. Il se retourne; il aperçoit, qui... Aloyse. Il s'écrie : Vous, Aloyse, ici !

Pour faire comprendre cette rencontre inattendue, je dois dire que le père et la mère du fermier chez lequel Jules était depuis quinze jours, avaient été autrefois les jardiniers du Paradis; qu'ils avaient vu naître, qu'ils chérissaient Aloyse Duverceil. Madame Berny les avait, par la suite, établis dans cette ferme. Le mari était mort. Retirée depuis à la Chevrotière, madame Berny, sachant que sa protégée se mourait, et ne se portant pas bien elle-même, ne put résister aux prières de sa nièce, qui voulait revoir sa bonne amie Marie, ainsi qu'Aloyse la nommait. Madame Berny permit en conséquence que mademoiselle Prudence y accompagnât Aloyse ; et ces deux personnes étaient parties, le matin même, de la Chevrotière, située à une petite lieue de là seulement, mais sur la droite. Arrivée avec Mlle Prudence à la ferme, Aloyse apprend avec plaisir que sa bonne amie Marie va beaucoup mieux ; qu'on doit son rétablissement aux soins d'un voyageur nommé Jules, qui depuis deux semaines est dans la ferme. Ce nom de Jules frappe Aloyse ; elle se fait désigner le voyageur ; elle croit reconnaître son cousin ; elle demande où il est ; on lui répond qu'il herborise dans les environs. Aloyse feint de vouloir se promener ; mais, dans le fond de son cœur, elle brûle de rencontrer Jules ; et, se faisant indiquer secrètement la route qu'il a prise par le petit garçon du fermier, elle vole sur ses traces, suivie de loin par Mlle Prudence, qui lui reproche d'aller trop vîte. Enfin elle trouve Jules debout, silencieux, occupé à regarder le précipice.

Jules reste frappé d'étonnement en reconnoissant Aloyse, en remarquant sur-tout que, loin d'avoir perdu de ses attraits, elle est d'une beauté parfaite. Ingrat Jules, lui dit Aloyse, que faites-vous loin de votre mère ? pourquoi ne volez-vous point dans ses bras ? — Que dites-vous, Aloyse ? moi, que j'ose... Mais, grand Dieu ! quel lugubre vêtement !... Ce deuil, de qui, oh !

de grace, de qui ? — Ignorez-vous, malheureux Jules, que vos égaremens ont causé la mort de votre père ? — De mon père ! mon père est mort, et c'est moi !... Je le suivrai, je le dois !

Hors de lui, Jules s'avance vers le précipice. Aloyse s'écrie : Arrêtez, Jules, que faites-vous ? — Je vous venge tous !

Il dit, et se jette dans l'abîme !....

Aloyse tombe évanouie.

Mlle Prudence, qui était restée à cent pas d'Aloyse, ignorant que son but fût de revoir Jules, qu'elle l'eût même rencontré (car des buissons avaient caché cette scène à ses regards), mademoiselle Prudence arrive, et reste bien étonnée de trouver son Aloyse privée de sentiment, étendue sur le sol. La bonne gouvernante fait son possible pour la rappeler à la vie; n'en pouvant venir à bout, elle l'entraîne, elle l'emporte; elle appelle à son secours. Un pâtre qui retourne au hameau voisin, vient l'aider; et tous deux portent Aloyse jusqu'à la ferme, où enfin elle reprend ses sens; mais elle a perdu l'usage de la parole. Elle jette sur tous ceux qui l'environnent des regards stupides; et quand elle peut parler, ses paroles sont tellement inintelligibles qu'on craint pour sa raison. A la fin, on comprend que Jules s'est jeté, à sa vue, dans un précipice; et, comme il n'y a que celui-là aux environs, on y court; mais la nuit est si obscure qu'il devient impossible de rien distinguer, ni de se risquer dans ce gouffre. Le fermier, ses garçons, reviennent tristement, et la nuit se passe à secourir Aloyse, qui le matin a recouvré ses sens.... Jules n'existe plus sans doute. Cependant on retourne à l'abîme, et, quelques heures après, Aloyse entend murmurer autour d'elle : on l'a trouvé; il est noyé; on le ramène mort!....

Mort, s'écrie Aloyse! je ne puis supporter cet affreux spectacle. Partons, Prudence?....

Elle se sauve, sans dire adieu à qui que ce soit, sans attendre mademoiselle Prudence. A quelques pas de la ferme, elle rencontre le funèbre cortège du fermier et de ses garçons, qui portent le malheureux noyé ; c'est envain que le fermier appelle Aloyse; elle détourne ses pas en cachant sa figure, et court, sans s'arrêter, jusqu'à la Chevrotière, où elle arrive seule, où elle va porter le désespoir dans le cœur d'une mère ?....

Quittons un moment ce triste tableau pour revenir à Jules, pour voir si en effet il n'est plus !....

Jules, en se précipitant sans réflexion comme sans examen, resta, heureusement pour lui, accroché à quelques toises du bord, après les branches épineuses des ronces et des bruyères, qui formaient là un énorme taillis. Piqué, blessé, déchiré dans sa chute, ne pouvant se dégager de ses liens, perdant beaucoup de sang, il poussa des gémissemens qui furent entendus de deux particuliers, qui conduisaient une petite charrette sur la berge.

Ces deux villageois s'arrêtèrent,

examinèrent l'abîme, aperçurent l'infortuné, et leur humanité les porta à le secourir. Ces bûcherons, au moyen de leurs haches, écartèrent les branches des bruyères, se frayèrent un chemin, descendirent avec précaution jusqu'à Jules, qu'ils remontèrent de même, mais avec beaucoup de peine, car l'infortuné ne pouvait pas s'aider. L'excès de ses cris, de ses souffrances, lui avait ôté l'usage de la parole.

Les bûcherons, touchés de son malheur, de sa jeunesse, se décidèrent à l'emporter avec eux chez leur maître, qui était un homme humain et généreux. L'un d'eux monta dans la charrette, y plaça le blessé sur ses genoux, le plus commodément possible; l'autre fouetta le cheval, et la voiture marcha tout doucement.

Ils étaient déjà bien loin, lorsqu'un jeune pâtre, passant près du précipice, aperçut quelque chose qui brillait en bas, et ses yeux, qui étaient perçans, lui firent reconnaître une montre suspendue après une branche. C'était la montre de Jules, que, dans leur trouble, ses deux libérateurs n'avaient pas remarquée. La cupidité engage le pâtre à descendre chercher cette bonne trouvaille. Le chemin avec cela est presque tracé. Il descend, il s'empare du bijou; mais en remontant, ses pieds s'accrochent, la tête lui tourne, il tombe dans la marre où il se noie.

Ce ne fut que dans leur perquisition du lendemain matin, que le fermier et ses garçons trouvèrent son corps : ils remarquèrent bien que ce n'était pas celui de Jules. Soudain, en les voyant revenir de loin, chargés de ce fardeau, les servantes, les petits garçons de la ferme, les devancèrent pour semer la nouvelle que l'on venait de retrouver Jules. Le fermier voulut désabuser Aloyse lorsqu'elle passa près de lui ; mais Aloyse se sauva sans l'entendre, comme l'on sait, et mademoiselle Prudence qui était restée, fut seule instruite de ce quiproquo, qui, lorsqu'elle fut de retour à la Chevrotière quelques heures après Aloyse, calma un peu sa douleur, ainsi que celle de madame Berny. Toutes trois n'en restèrent pas moins très-inquiètes sur l'existence de Jules.

Jules cependant avait un peu recouvré ses sens dans la voiture où ses conducteurs lui prodiguaient mille soins, étanchaient la sang de ses plaies avec tout le linge qu'ils possédaient. Faible, souffrant, étourdi de sa chute plus que de la rencontre d'Aloyse, qui ne s'offrait pas à son esprit, il se laissait mener sans savoir où il était. Ce fut en cet état, qu'après plusieurs lieues, et au bout de quatre heures, il arriva dans une maison simple, mais d'une apparence décente, où il fut transporté dans une salle basse. Monsieur Ledoux, dit un bûcheron au maître de la maison, voici un jeune homme que nous avons repêché pour ainsi dire en route, dans un précipice, où sans doute il était tombé par accident. — Vous avez bien fait, mes amis. Quoique meurtrie, sa figure a l'air d'être intéressante. Il soupire, il gémit, il me regarde ! Courage, jeune homme, courage, vous êtes chez un honnête homme qui se fera un bonheur de vous rendre la santé ! — Où suis-je, demanda Jules d'une voix faible, qui êtes-vous, Monsieur ? — Je suis un ami de l'humanité, Monsieur : un bon lit, des médicamens, tous les soins, vous les aurez chez moi, et ma récompense sera d'avoir pu vous être utile. — Où est-elle, Monsieur ? — Qui ? — Cette chère Aloyse ? ayez-en bien soin aussi ; car c'est la vertu sur la terre.

M. Ledoux dit à ses gens : voyez-vous, sa tête s'égare ; il y a de l'amour dans tout cela ; c'est peut-être par un désespoir d'amour. Pauvre jeune homme ! il n'en est que plus à plaindre. — Ciel, continue Jules, mon père ! je mourais pour lui ! — Ah, c'est de la tendresse filiale ; cela est encore plus estimable.

Jules balbutia quelques exclamations insignifiantes. On le mit au lit ; M. Ledoux passa la nuit auprès de lui, et fit bien, car l'infortuné eut un transport violent ; mais le lendemain, il retrouva sa raison, une partie de ses forces ; sa mémoire lui revint, et ses blessures ne parurent nullement dangereuses à M. Ledoux, qui eut la complaisance de les panser lui-même. Calmez-vous, lui disait sans cesse M. Ledoux ; calmez-vous, jeune homme. Je n'habite pas ordinairement cette maison ; j'y étais hier par hasard, et je comptais en repartir ce matin, car je veux la louer ; mais j'y resterai pour vous, j'y resterai jusqu'à ce que vous ayez recouvré la santé. — Oserais-je, homme généreux, vous demander votre nom? — Je m'appelle Ledoux. — J'ai une lettre à remettre à quelqu'un de ce nom-là. Elle est du prieur du couvent de Saint-Isidore. — Du prieur de Saint-Isidore! c'est mon meilleur ami! — Cela fait l'éloge de l'un et de l'autre. — Où est cette lettre ? — Veuillez fouiller dans mon porte-feuille, vous l'y trouverez.

M. Ledoux se rendit avec délicatesse à cette marque de confiance. Il dit, quand il eut lu la lettre : ce cher prieur ! il m'écrit du bien de vous ? il vous annonce même à moi comme un locataire.... — Oui, je loue cette maison, je la loue, si vous voulez me le permettre. Est-elle éloignée d'Orange, du Paradis? connaissez-vous l'habitation du Paradis ? — Un peu. Nous n'en sommes qu'à trois lieues. — Je la loue. — En ce cas, Monsieur, vous êtes chez vous, et je ne dois plus m'y regarder que comme un étranger. Elle est toute meublée et fort commode. Le prix n'en est que de quatre cents francs. Vous la trouverez peut-être un peu isolée ; mais, si vous aimez les bois, les ruisseaux, la campagne en un mot, vous jouirez de tout cela ici; moi, mes affaires me fixent à Orange, où le commerce me tient toute l'année.—Oui !... Cette maison, voisine du Paradis !.... Ah !.... Si vous en voulez le quartier d'avance. — Fi donc. Rétablissez-vous, d'abord; puis nous parlerons d'arrangement après. — Auriez-vous quelqu'un de confiance, Monsieur, pour envoyer à la ferme de la Tournière, qui est sûrement dans les environs ? — Je connais cette ferme; elle est à quatre lieues d'ici, près d'un précipice nommé le Trou - d'Enfer, celui peut-être dont on a eu le bonheur de vous retirer. —Justement ; mes effets sont dans cette ferme, je voudrais les avoir ici; mais surtout que votre agent ne réponde à aucune question. — Je vous le promets.

Jules traça avec peine, sur du papier, la prière qu'on lui rendît ses effets; et l'un des deux bûcherons partit avec son billet. Il revint, le soir même, apportant la valise du blessé. On l'avait accablé de questions ; mais il était resté muet, ensorte qu'on ignorait à la ferme, la retraite que Jules habitait. On y savait seulement qu'il existait, et le fermier se hâta de transmettre à madame Berny, à sa nièce, cette nouvelle qui les tranquillisa.

Jules, enchanté de la discrétion du bûcheron, lui demanda avec sensibilité quelle récompense il pourrait lui offrir pour tant de soins. — Une seule, Monsieur, répondit le villageois, et qui me ferait bien plaisir. Ce serait de prendre à votre service un bon auvergnat, un de mes parens que je viens de rencontrer, qui est sans place. Monsieur aura sans doute besoin d'un domestique ici? — Je..... ne sais..... Mais quel est ce parent? — Il est là. Si Monsieur veut lui permettre d'entrer?.... — Je le veux bien.

Le bûcheron introduit son parent ; et rien n'égale la surprise de

Jules, quand il reconnaît en lui le fils de l'ancien jardinier du Paradis, Jacques Niquet, l'époux de Rose, cette fille adoptive de la marquise d'Arancourt !

V.

Quand je ne serai plus, tu iras trouver ma mère; tu lui peindras mon repentir, ma mort prématurée... et peut-être me pardonnera-t-elle!

Jacques Niquet recule trois pas, bien étonné lui-même, et s'écrie : Me trompé-je, ô mon bon Dieu! me trompé-je?.... Ne vois-je pas là monsieur Jules Berny? — C'est moi-même, mon ami; mais comment, par quel hasard?.... — Oh, c'est bien un hasard, le plus singulier hasard!.... En vérité, le cœur m'en bat, et je suis prêt à perdre connaissance. — Veuillez le secourir?.... — Non, non, ça ne sera rien, rien du tout ..... Mais qui aurait dit qu'ici, là, je retrouverais le fils de mes bons maîtres, ce jeune, cet intéressant Jules, qui, dans son enfance, daigna être si souvent médiateur entre mademoiselle Rose et moi ! O mon bon Dieu (*il se jette à genoux*), je vous remercie, oui, je vous remercie d'un bonheur si inattendu !

Il se relève, se jette sur le lit du malade ; puis le serrant dans ses bras, il poursuit : Je ne vous quitterai plus, M. Jules, non, jamais, oh ! je vous suivrai par-tout ; je vous tiendrai lieu d'ami, de père, de mère, puisque la vôtre a juré de ne jamais vous revoir ?...

Jules met un doigt sur la bouche de Jacques, en lui faisant signe de se taire devant M. Ledoux et le bûcheron, qui sont là. Jacques comprend ce qu'il exige et continue: Ce cher monsieur Jules! j'ai appris vos malheurs; oh! comme ils m'ont affligé! Mais vous ne me répondez rien? Est-ce que ma présence vous chagrinerait ? — Beaucoup, Jacques, beaucoup ; mais non pas dans le sens que tu croirais ; ta vue seulement me rappelle des tems heureux où j'étais.... ah ! Niquet, pourquoi vous ai-je tous quittés ?... Monsieur Ledoux? — Monsieur.— Voulez-vous permettre que je reste un moment seul avec ce garçon ? j'ai mille questions.... — Très-volontiers, Monsieur.

M. Ledoux et le bûcheron se retirent. Seul enfin avec Niquet, Jules lui dit: Mais toi, mon ami, comment te trouves-tu ici sans place; car on te proposait à moi pour me servir; n'es-tu plus l'époux de Rose ? N'êtes-vous plus, tous les deux, chez madame d'Arancourt ? — Bah! il s'est passé des choses, des événemens!... elle est ruinée, cette chère madame d'Arancourt. — Ruinée! — Des procès de famille, des tracasseries, que sais-je? elle est ruinée enfin, et hier elle a quitté la France pour aller recueillir un faible héritage en Italie. Attachée à Rose, comme vous savez qu'elle l'est, Madame a désiré l'emmener avec elle ; toutes deux sont parties ; et moi, comblé des bienfaits de Madame, je suis venu trouver mon parent Claude Niquet, ce même bûcheron qui vous a secouru. Je l'ai prié de me chercher une place quelconque. J'ons justement, m'a-t-il dit, un jeune homme cheux not' maître, un jeune seigneur, sans doute, que nous avons retiré d'un précipice, George et moi; je te proposerons à lui. Volontiers, que je lui ai dit; et v'là comme ça s'est fait. — Mais le château, la terre de madame la marquise d'Arancourt ? — Tout ça est mangé par la chicane. C'est un autre propriétaire qui est là... J'acceptais l'offre de mon parent Claude pour m'occuper, plutôt que par besoin; car j'ai de l'argent, oh! beaucoup d'argent, grace aux bontés de Madame, et je ne voulais pas rester les bras croisés pendant son voyage en Italie avec ma femme, voyage qui peut être long. Je vous vois, mon cher maître, je vous retrouve, et c'est dit, ma vie, mon cœur, ma bourse, tout est à vous ! — Bon garçon !

Jules examine Jacques, et remarque qu'il est beaucoup moins commun que lorsqu'il s'est marié. Jacques parle mieux ; il a l'air plus intelligent ; sans doute il doit cela aux conseils, aux leçons de sa femme, qui a reçu chez madame d'Arancourt l'éducation d'une demoiselle : Rose aura formé son mari. Telle est la réflexion de Jules, et il est ravi du changement de cet honnête auvergnat. Tu m'as dit, continue Jules, que.... ma mère.... a juré de ne jamais me revoir ? — Oh ! c'est vrai, ça, ça n'est que trop vrai ; mais je ne veux pas vous affliger par.... — Au contraire, Jacques, parle-moi de ma mère....

de mon père. Il n'est donc plus ?
— Hélas ! non.... Il est mort en
apprenant la nouvelle de vos.... erreurs. Pardon, mon maître ; si vous
me demandez la vérité ?.... — Je
l'exige. Eh bien ? — Votre duel,
votre fuite, l'ont plongé dans une
douleur..... Ah ! le malheureux
homme ! ses dernières paroles, adres-
sées à sa femme, ont été celles-ci :
Chère Aura, ton indigne fils....
Il n'en a pu dire davantage. —Ciel !
il m'a maudit sans doute ? — C'est
ce que je ne sais pas ; cela se pourrait bien ! — Et ma mère ! comme
elle doit faire retentir de ses regrets ces murs du Paradis, jadis
témoins de son bonheur ! — Vous
ne savez donc pas ? le Paradis est
vendu. — Vendu ? — Oh ! tout-à-
fait. La pauvre veuve l'a vendu. Il

le fallait bien pour faire cette somme de cinquante mille francs qu'exigaient les parens du jeune homme qui a succombé sous vos coups. —Comment? —Oui ; c'est M. Dabin qui a porté cet argent à Paris. Il est revenu hier, M. Dabin, rapportant à madame Berny un désistement de toute poursuite contre vous, que lui ont souscrit ces parens avides, et qui sont enfin satisfaits. Vous n'avez plus rien à craindre d'eux ; vous êtes libre comme l'air ; plus de terreurs, plus d'exempt qui vous menace. — Ce ne sont donc point ces Rynneval qui ont voulu me faire arrêter à Montélimart ? — Bon ! ils n'en ont jamais eu la moindre envie. Le respectable père Augely vous les a tous calmés dès le premier moment, en leur promettant de l'argent, qu'on leur a donné, comme vous voyez, en se saignant. — O mon Dieu ! ainsi, par mes fautes, ma mère a perdu en même tems et son époux et sa fortune. Oh ! que je suis coupable !... Où est-elle à présent, cette mère si infortunée ? — Ah dame; il lui a fallu renoncer aux richesses, aux beaux appartemens. Elle est confinée maintenant pour toujours dans un petit logement de sa ferme de la Chevrotière, ici près, à deux pas de Courthezon; elle est là qui pleure, qui gémit sans cesse, avec sa chère nièce, mademoiselle Aloyse. — Aloyse !... je l'ai revue, tu ne sais pas que je l'ai revue, hier, là-bas.... ô mon adorable Aloyse !... plus belle que jamais ! — Vous avez raison ; elle est encore embellie, tout le monde en convient, et vertueuse, et bonne, bonne!... Elle souffre aussi, la pauvre enfant; car elle vous aimait bien, mon jeune maître. — Misérable que je suis! j'ai fait le malheur de tous ceux qui me chérissaient.... — C'est vrai qu'ils sont bien à plaindre. — Et mon oncle Adalbert, que pense-t-il?...— Pour celui-là, on n'en dit pas de bien du tout. — Serait-il possible? — On le dit un hypocrite, un fourbe, un traître, un monstre qui.... — Un monstre, telle est l'expression d'Agathe dans sa lettre. — Adalbert, affirme-t-on, est acharné à votre perte. Il a des intérêts directement opposés aux vôtres. — Quels intérêts? — Je l'ignore, moi; vous entendez bien que je ne vous rapporte que le bruit public.

Jules réfléchit ; il rapproche dans sa mémoire diverses circonstances ; il se retrace le caractère d'Adalbert, que souvent il a jugé patelin, fin, adroit ; puis il s'écrie : Si celui-là m'a trompé, ô mon Dieu ! vous me punissez bien de ma confiance !... Mais non, non ; mes fautes sont à moi, viennent de moi, et je fais injure à cet honnête homme en le soupçonnant....

Jacques sourit avec ironie, et reprend : Honnête homme Adalbert ! le père Augely ne le croit pas ; madame votre mère est convaincue du contraire, et Asselino sait, dit-on, là-dessus des choses.... des choses qui font dresser les cheveux. — Mais pourquoi tous ces gens-là ne m'ont-ils pas averti ? —

Ah çà, je ne sais pas. C'est toujours sur le bruit public que je vous en parle, moi..... Mais, mon cher maître, ne nous occupons pas de tout cela; je ne pense qu'au bonheur de vous avoir retrouvé..... — Je reviens à la haine que ma mère m'a vouée à trop juste titre; comment sais-tu qu'elle me rejette à jamais de son sein? — C'est Asselino qui le dit par-tout, et qui en est bien affligé. Madame Berny, selon lui, a défendu qu'on vous laissât approcher d'elle; elle et sa nièce sont furieuses contre vous. —Asselino dit cela? Ah! je l'ai bien mérité; qu'il les console au moins, ce bon Asselino! près de ma mère....
— Il n'est plus avec elle; madame Berny lui a donné son congé. — Pour ne plus entendre parler de

moi ! —Elle est seule, consolée seulement par sa nièce et son oncle, dans cette petite ferme de la Chevrotière que vous connaissez. — Mais comment Aloyse s'est-elle trouvée hier, là-bas, à la Tournière ? Et qu'est-elle devenue après cet acte funeste de mon désespoir ?.... Au surplus, que m'importe ! Quoique voisin de ma mère, de ma cousine, je ne veux, je ne dois plus les revoir !.... Tu me resteras, bon Jacques ; nous parlerons d'elles au moins ; mais sur-tout fais attention que je te défends, si tu les vois, si tu rencontres quelqu'un qui leur soit attaché, de leur révéler, à personne, l'asile que j'habite, que je vais habiter quelque tems pour me remettre, me calmer ; après quoi, je mettrai entre elles et moi l'immensité des mers. — Vous ferez bien, mon jeune maître ; car il ne vous faut pas espérer d'appaiser jamais la colère de madame Berny. Pour moi, je serai discret. — Tu me le promets. — Oh ! oui, je vous le promets — Embrasse-moi, mon ami, et restons unis pour la vie. Pour la vie, je me trompe. Ta femme reviendra, alors !... — Bah ! elle est absente, ainsi que madame la marquise, pour plus de deux ans. —Dans deux ans, je n'existerai plus. Non Jacques, la douleur, le regret, le remord, l'am..., oui, l'amour, que je ressens plus que jamais pour Aloyse, tout me conduira bientôt au tombeau, où mes fautes ont plongé mon malheureux père.

Jacques essaya de consoler Jules,

de lui rendre le calme dont il avait besoin pour rétablir sa santé, et Jacques y parvint.

Dès ce moment ce bon garçon s'établit dans la maison, et ne quitta plus son maître d'une minute. Graces à ses soins, à ceux du généreux M. Ledoux, les blessures de Jules, qui n'étaient ni profondes, ni dangereuses, furent bientôt guéries; et dès le troisième jour il fut en état de se promener dans le petit jardin de sa maison, asile modeste et commode. Cette maison, isolée, ne communiquait qu'aux murs du parc immense d'un magnifique château, le seul qui se vît dans ces campagnes. M. Ledoux, en remettant les clefs à Jules, l'engagea à ne point fréquenter le seigneur de ce château, qui était un homme puissant, mais méchant, injuste et despote. Jules n'avait nulle envie de faire connaissance avec lui. M. Ledoux le voyant bien rétabli, le quitta, le laissant maître chez lui, seul avec son fidèle Jacques, et une vieille femme, qui servait de jardinière, de concierge, de cuisinière, de tout.

Jules n'avait pour toute fortune que les mille écus qu'il devait aux remords, plus qu'à la générosité d'Agathe. Il fit à Jacques l'aveu sincère de toutes ses fautes, et n'oublia pas cette particularité. Ainsi, mon ami, lui ajouta-t-il, tu t'attaches à un maître qui n'a ni état, ni rentes, ni biens, qui ne possède qu'une modique somme que peut-être il lui faudra restituer un jour à cette Agathe..... Mais cet argent me suffira pour le peu de temps qu'il me reste à passer sur cette terre. J'ai là, dans le cœur, un trait cruel qui me déchire, qui me tuera. Quand je ne serai plus, Jacques, tu iras trouver ma mère ; tu lui peindras mon repentir, ma mort prématurée, et peut-être me pardonnera-t-elle.

C'est ainsi que Jules était revenu à des sentimens qui n'avaient été qu'étouffés dans son cœur, et dont un homme, différent d'Adalbert, aurait su tirer un tout autre parti. Il ne sortait que pour faire des promenades solitaires autour de son habitation, et l'automne, dont le commencement était superbe, lui permettait tous les jours ces promenades, que les plus beaux sites de la nature rendaient délicieuses. Là, seul avec sa conscience, Jules se rappelait combien Aloyse était embellie; il se retraçait les jeux, les vœux qu'il formait autrefois avec cette charmante personne; il l'adorait plus que jamais, et cependant il versait des larmes en songeant que ses fautes l'avaient privé du bonheur, de l'espoir même de devenir son époux. Sa mère était aussi l'objet de ses pensées, de ses douces affections; mais quand il se rappelait son père, sa mort, ses dernières paroles, il tombait dans une espèce d'égarement qui tenait du désespoir. Il s'accusait, il demandait pardon à l'ombre de M. Berny, à Dieu, et il ne trouvait que dans la religion les consolations que refuse toujours une conscience bourrelée. Combien de fois, dans une plaine d'oliviers, méditant au bord d'un ruisseau, Jules fit un retour sur lui-même, en voyant passer des jeunes pâtres qui conduisaient leurs pères, infirmes, aveugles souvent. La sécurité sur le front de ces vieillards, le respect, l'amour, la piété filiale sur celui de leurs enfans, tout aiguisait le trait qui déchirait son ame, et Jules s'écriait : J'aurais pu être comme cela ; si je l'étais, mon père existerait encore.

Et il cachait sa tête dans ses deux mains, et tous les objets disparaissaient à ses regards; il se retrouvait seul dans la nature avec ses remords. Il y avait au bout d'un vallon, près d'un bois, à deux pas d'une fontaine, une espèce de petite chapelle, abandonnée depuis long-temps, et qui n'avait plus ni portes, ni fenêtres, où Jules aimait à se réfugier quand il se trouvait trop accablé de ses tristes réflexions. On avait peint autrefois sur le mur du fond, au-dessus d'un grand autel de bois vermoulu, un Christ et sa mère à ses côtés. L'Homme-Dieu penchait sa tête avec tendresse vers cette mère de douleur, qui paraissait gémir de la perte d'un fils chéri. Tout cela était mal peint; en partie effacé; mais on en voyait l'ensemble, et le temps avait respecté l'expression des deux têtes. Du reste cette chapelle était encombrée de nattes de paille, de lattes, de bottes de jonc que les cultivateurs y déposaient pour s'en servir lorsque leurs travaux l'exigeaient. Là, presque tous les jours assis sur les nattes, Jules contemplait cette figure de la Vierge, qui, par hasard, offrait quelques traits de ressemblance avec madame Berny. Il croyait voir sa mère; il la voyait, il lui parlait, il s'agenouillait devant elle, et cette vision le conduisait à une espèce de délire. Lorsque Jacques ne le voyait pas rentrer le soir à son heure, il devinait que son maître était là; Jacques allait le chercher, le consoler, et sans Jacques, Jules y aurait passé des nuits entières.

Un jour Jules trouva sur l'autel un billet cacheté et à son adresse. Jules, ayant quelque souvenir de cette écriture, décacheta le papier et y lut avec le plus grand étonnement :

« Je commence à être plus con-
« tent de vous, Jules; vous avez
« été coupable, bien coupable !...
« mais vous fûtes poussé au vice
« par un monstre affreux. Je le sais
« maintenant; j'ai déjà plus de preu-
« ves qu'il ne m'en faut, sans celles
« qu'on veut me procurer encore,
« de l'abus de confiance le plus con-
« damnable. Continuez, Jules; re-
« pentez-vous, jetez-vous enfin
« dans le sein de Dieu, et peut-
« être le jour du pardon, celui du
« bonheur, n'est-il pas très-éloigné
« pour vous. J'ai eu continuellement
« les yeux sur votre conduite; elle
« m'a fait bien du mal !..... Mais si
« vous revenez à la vertu.... Adieu ;
« ne cherchez point à me connaî-
« tre; rappelez-vous seulement ce
« pauvre vieillard que vous vîtes

« autrefois dans le cimetière de
« St.-Cyprien? »

Jules avait déja pensé plusieurs fois à ce vieillard, à ses lettres anonymes, et il avait souvent frémi de n'avoir pas suivi ses sages conseils. Le billet vint le plonger dans un nouveau trouble. Qui donc peut me savoir ici, s'écria-t-il? Je me croyais isolé, inconnu sur la terre, et voilà que cet étranger..... Mais il me parle aussi d'un monstre affreux.... C'est Dennecy, sans doute, dont la liaison dangereuse..... Dieu! serait-ce Adalbert?..... Mais quelle idée! Quel but avait-il? Pourquoi?.... Je m'y perds.

Jacques vint trouver son maître à la chapelle. Jules lui fit part de cette particularité, qui surprit étrangement le bon Auvergnat. Jacques protesta qu'il ne voyait personne, qu'il ne parlait à qui que ce soit. Eh bien! lui répondit Jules, cet inconnu, qui s'est fait un jeu de tourmenter le père, veut s'amuser encore à inquiéter le fils. Quel est-il ? Personne de ma famille, ni Asselino, ni le père Augely, ni même Adalbert, à qui j'en ai souvent parlé, n'ont pu le soupçonner. Il me donne cependant des avis que je suivrai : *jetez-vous dans le sein de Dieu*, me dit-il !.... Oui, je m'y jetterai ; j'implorerai ce Dieu de miséricordes, pour qu'il daigne me pardonner le chagrin que je cause à ma mère, et la mort de mon père. Oh! si le père Augely était ici! Je sens que je n'ai jamais aimé, respecté ce sage religieux autant que je le fais dans ce moment. J'ai besoin des secours de la religion ; il me les prodiguerait. Où est-il, cet homme vertueux ? — On m'a dit qu'il habitait sa jolie maison du Mée, qui est près de la ferme où réside votre mère. — Je..... le verrai..... Je puis le voir, celui-là ; j'embrasserai ses genoux, et il aura pitié d'un fils repentant. — Vous ferez bien, mon maître, oh que vous ferez bien ! je vous y accompagnerai. Quand partons-nous ? — Je ne sais..... je ne me sens pas encore la force ni le courage nécessaires...... Je suis faible, souffrant, et je vois avec délices que la vie est prête à m'échapper ! — Que dites-vous, mon maître, mon cher maître !

Jacques consola encore Jules ; mais ce malheureux jeune homme avait dans l'ame deux maux affreux qui le minaient, qui pouvaient en effet ne pas tarder à le conduire au tombeau; c'était le remord et un amour sans espoir.

Persuadé qu'il mourrait bientôt, il ne songeait nullement à économiser la seule somme qu'il possédât. Il la partageait avec tous les infortunés qu'on lui désignait. Il allait chercher les pauvres dans leurs chaumières, les vieillards indigens sur-tout, qu'il rencontrait chargés d'une nombreuse famille, et il ne les quittait que comblés de ses bienfaits.

VI.

> Si j'étais de vous, mon maître, je n'irais plus à la chapelle des Champs. Il y revient des esprits, il n'y a pas de doute !...

Un matin que Jules était à sa croisée à regarder, en réfléchissant, les sites magnifiques qui l'environnaient, il vit venir de loin une quantité considérable de gens qui, marchant sur trois ou quatre de front, ressemblaient à une espèce de procession. Jules descendit, et demanda à Jacques ce que cela pouvait être? Jacques l'ignorait comme lui. Tous deux coururent soudain vers la route que cette troupe parcourait, et restèrent bien étonnés de voir près de cent personnes des deux sexes, qui marchaient lentement en chantant des chansons, mais avec tristesse et d'un air très-sérieux. Jules examina d'abord la parure légère et galante de ces pastoureaux. Chaque homme portait sur sa veste une légère camisole, ainsi qu'étaient habillés dans le onzième siècle les habitans de cette province. Les femmes avaient autour du bras des anneaux d'or qui ressemblaient aux bracelets des anciennes Romaines. Une draperie lourde n'embarrassait point ces provençales, laborieuses, actives, gaies, vives, ordinairement pétulantes ; un jupon simple et court tombait à moitié sur des jambes chaussées de fins bas de soie blancs, et de souliers sans talons; des boucles larges et grandes, en parant leurs pieds, les faisaient paraître plus petits. Une robe, nommée *Drolet*, de couleur noire (blanche en été), laissant leurs bras presque nuds, caressait leur taille, qu'elle dessinait avec le plus coquet avantage. Cette robe, partagée en quatre pointes, et ne descendant que jusqu'au mollet, rappelait les stoles flottantes des Lacedémoniennes. De grands yeux noirs, des sourcils bien arqués, des joues rondes et fraîches, le plus joli sourire du monde, une prodigieuse mobilité dans les muscles du visage, une voix douce, naïve, l'accent le plus séducteur, tels etaient les charmes de ces jolies bergères. Chacune d'elles tenait sous le bras un époux ou un doux ami, et tous portaient à la main une branche d'olivier.

Cette troupe s'étant arrêtée un moment pour faire halte, Jules eut le temps d'interroger un homme d'un certain âge, qui allant et venant sans cesse autour de la file, semblait y faire les fonctions de maître des cérémonies. Pourquoi cette marche, lui demanda Jules, pour quel motif ces chants?.... — Nous chantons, lui répondit l'étranger, la chanson la plus tendre qu'ait composée sur l'amour notre bon roi Réné, dont le souvenir nous est toujours cher. — Sur l'amour! vous célébrez l'amour! (*Il soupire.*) — Oui, jeune homme: regardez là-bas; voyez-vous ces deux brancards couverts de fleurs? l'un orné de fleurs des champs, de rubans bleus, est porté par nos jeunes garçons; l'autre, décoré de même, mais voué aux rubans roses, est le noble fardeau de nos pastourelles. — Eh bien, ces brancards? — Ils portent deux victimes de l'amour! — Deux victimes de l'am.....? — Avez-vous un cœur sensible; aimez-vous? — Si j'aime! — En ce cas, écoutez.

Le Provençal fit ce court récit à Jules, qui n'en perdit pas un mot : « Hypolyte est le fils d'un pauvre agriculteur qui demeure ici près. Hypolite vit Roselle; il l'aima et en fut aimé. Roselle doit le jour à des parens indigens aussi. Elle n'a plus que sa mère, et cette mère aurait fait volontiers le bonheur des deux amans; mais le père d'Hypolite, vieillard dur et inhumain, trouva son fils trop jeune, trop peu fortuné pour serrer les nœuds de l'hymen. Il ordonna à ce fils de bannir de son cœur la passion la plus innocente. Il l'enferma, le maltraita; il voulut même le faire partir comme soldat. Hypolite n'a que vingt ans; Roselle en a seize; tous deux sont beaux ! c'est l'union de l'Amour avec Psyché ! Désolés de ne pouvoir s'unir, s'aimant de toutes les forces de l'ame, le désespoir s'est emparé de leur cœur...... Hypolyte s'échappe de la maison paternelle; il vient trouver ce matin même Roselle, qui habite le hameau que vous voyez derrière nous. Tendre amie, lui dit-il, mon père me défend de t'aimer, et l'obéissance n'est plus en mon pouvoir; mais je ne manquerai point au respect, à la soumission que je lui dois. Je ne le fuirai point; non, je ne me rendrai point coupable envers la piété filiale...... Je mourrai ! — Nous mourrons ensemble, lui répond Roselle avec fermeté. Vois-tu ce pont suspendu sur le lac profond ; c'est de là qu'il faut nous précipiter, donner à tous les amans l'exemple du courage et de la constance.—Je te suis !.... Ils disent, s'acheminent lentement vers ce nouveau rocher de Leucade ; là, ils s'agenouillent, s'écrient : *O amour ! reçois ce sacrifice !* puis s'enlaçant dans leurs bras ils se jettent dans le lac. »

Quelques-uns de nos pâtres sont témoins de ce dévouement sublime , effet d'un désespoir dont tous nous redoutions les effets depuis plusieurs jours ; Hypolite et Roselle sont retirés des eaux, sauvés, et transportés chez moi ? Nos secours leur rendent la vie, la raison. Soudain je fais un appel à tous les amans heureux, à tous les époux des environs. On s'assemble ; on convient de porter ce couple infortuné chez le père d'Hypolite, d'engager ce père barbare à unir ces jeunes gens, et de lui offrir pour leur dot le fruit d'une quête que nous faisons à l'instant. Cette dot, faible malheureusement, est déposée dans cette corbeille, couverte de fleurs, que vous voyez entre les mains de ma fille aînée. Notre marche est réglée, embellie par les grâces, par les atours de nos plus belles pastourelles, et nous chantons l'amour, tel que nous le dépeint une ancienne romance de notre bon roi Réné. — Quelle aventure touchante! et que ces amans me semblent intéressans! — Venez les voir, Monsieur, venez les consoler?

Jules et l'étranger s'approchent des palanquins, et Jules voit deux jeunes gens pâles, défaits, couchés chacun, mais très-près l'un de l'autre, sur des branchages, couverts de fleurs, et portés par les compagnons de leur enfance. Ils se serrent la main; ils se regardent avec l'air du plus vif intérêt.... Jules sent des larmes couler de ses yeux. Et moi aussi, s'écrie-t-il, je vous accompagnerai; je verrai ce père injuste, inhumain, et je joindrai mon offrande aux dons que vous a faits l'amitié.

Hypolite et Roselle ne lui répondent point ; ils ne sont occupés que d'eux ; ils ne pensent qu'à leur amour. Derrière eux est la mère de Roselle, qui verse des larmes, qui de tems en tems se jette sur sa fille, la presse dans ses bras, contre son sein.

Jules ne peut résister à l'élan de son excellent cœur; il vole chez lui; il prend la somme qui lui reste; puis il rejoint le cortège près de la chaumière, qui est le but de son voyage. Le père d'Hypolite est un vieillard courbé par l'âge, sec, presque infirme, dont la tête n'est plus couverte que de quelques cheveux blancs; il est sur sa porte. Il demande le but de cette marche qui s'achemine lentement vers lui. On lui apprend l'acte de désespoir auquel se sont portés son fils et Roselle; il réfléchit quelque tems; puis il répond avec humeur: que voulez-vous que j'y fasse. — Unissez-les? — Le puis-je! accablé d'infirmités, seul dans cette chaumière isolée, dois-je me priver de la société, des secours, des consolations de mon fils. Tout enfant qui abandonne son père est dénaturé!....

Jules entend sa conscience qui lui adresse directement ce reproche. Il s'avance : Vieillard opiniâtre et cruel, lui dit-il? qu'exigeriez-vous donc pour combler la félicité de ces jeunes amans? — Qu'ils eussent au moins une chaumière, et près de la mienne; qu'ils consentissent à vivre avec moi. — Ils ont juré de ne pas vous quitter. — Fort bien; mais un asile pour eux? S'ils avaient le moyen d'acquérir cette pièce de terre que voilà, contigue à mon toît champêtre ?.... — Est-elle à vendre, cette pièce ? — Oui. — Je l'achète pour eux, pour vous. Je leur donne ce qu'il faut pour y construire une cabane ; je les y établis enfin, près de vous. Que pouvez-vous encore m'objecter ?

Le vieillard, ainsi que tous les assistans, restent très étonnés. Moment de silence?...Quoi, Monsieur, répond le vieillard, vous auriez .... vous pourriez ?.... Ah, malgré votre jeunesse et mes cheveux blancs, souffrez que j'embrasse vos genoux ......

Le père d'Hypolite veut se prosterner aux pieds de Jules, qui s'empresse de le relever. Tenez, dit notre jeune homme, prenez, prenez.

Jules ouvre un sac ; il en tire deux cents écus de six livres ; il les jette sur une table rustique qui est plantée sur quatre pieux à la porte du manoir ; puis faisant approcher les brancards des deux amans, il s'écrie : Bons jeunes gens, amans rares et fidèles, soyez heureux !

Il veut s'éclipser ; on le retient. Monsieur, dit le vieillard, vous me rendez la vie. Eh, croyez-vous que je n'aye pas souffert en contrariant l'inclination d'Hypolite ; je suis père ! un père ne peut vouloir que le bonheur de son fils ! Viens, mon Hypolite, toi Roselle ; que je vous presse tous deux sur mon cœur ? ô jour heureux ! bon et généreux jeune homme, qui nous comblez de bienfaits, vous devez être le modèle des fils ! Oh, que votre père doit s'enorgueillir de vous avoir donné le jour!—Mon père, Monsieur!.... Souffrez.... Vous me rappelez.... Mes remords!....

Jules verse des pleurs de repentir. On l'entoure, on s'empresse de le consoler. Les chants d'amour recommencent; ceux de la reconnaissance leur succèdent, et Jules, sans s'en douter, sans pouvoir s'en défendre, est porté en triomphe sur ce même palanquin qu'Hypolite vient de quitter pour embrasser son père. Jules sent que cet honneur ne lui est pas dû; il supplie qu'on le laisse seul; et, parvenu à s'échapper, il rentre chez lui, l'ame et le sang rafraîchis par la belle action qu'il vient de faire. Il ordonne à Jacques de ne laisser entrer qui que ce soit; vers le soir, il aperçoit au loin la troupe des amans heureux, qui retourne au hameau de Roselle, en chantant les hymnes érotiques du bon roi Réné.

Jules, pour la première fois depuis son séjour dans la maisonnette de M. Ledoux, passe une excellente nuit. Il jouit complètement des faveurs du sommeil, et des songes légers lui retracent les images les plus agréables. Tantôt son père existe, et lui donne, en l'appelant son cher fils, la main d'Aloyse. Tantôt il voit sa mère, cette même Aloyse qui lui tend les bras; ou bien il se retrouve au Paradis, pur, vertueux; tel qu'il y a passé cinq années de sa jeunesse.

A son lever, Jules compte ce qui lui reste dans son sac; il s'aperçoit que l'élan de la générosité l'a emporté trop loin, qu'il ne possède plus que six cents livres; il ne s'en repent pas. Pourvu qu'il puisse payer son loyer, peu lui importe d'avoir beaucoup d'argent. Il ne pense qu'aux heureux qu'il a faits, et, dans la même matinée, il reçoit la visite d'Hypolite, de son père et de Roselle. Tous l'accablent de bénédictions. Sa modestie souffre trop; il congédie ces êtres reconnaissans; puis il va faire seul sa promenade accoutumée.

Arrivé à sa petite chapelle, il se jette à genoux devant l'image de la sainte Vierge, qui lui retrace sa mère. Il s'écrie : Ombre de mon père! daignes-tu sourire au changement qui s'est opéré dans le cœur de ton fils. Approuves-tu.... Mais, que dis-je! ce fils parricidé causa ta mort ! tu l'as rejeté, tu le rejettes toujours sans doute loin de ta pensée, et tu n'oses implorer son pardon de ce Dieu de miséricordes qui t'a reçu dans son sein !... Et vous, ma tendre mère, vos regards sont fixés sur moi. Vous me haïssez.... Vous me plaindrez au moins, oui, je me flatte que vous aurez l'extrême bonté de me plaindre, quand vous saurez que votre coupable fils ne peut, ne veut plus consacrer sa vie qu'à l'exercice des vertus que vos leçons et votre exemple voulaient fortifier dans son cœur..... Hélas ! jamais il ne les recouvrera tout entières, ces vertus si précieuses; sa destinée est d'être sans cesse criminel.... Il a fui cette vile Agathe; il le devait; mais ce fruit de l'amour auquel elle va donner la naissance......

c'est mon enfant, je devrais.....

Une voix forte se fait entendre au-dehors : Agathe vous a trompé, dit la voix ; vous ne l'avez point rendue mère !

Jules reste comme frappé de la foudre. Ses forces sont prêtes à l'abandonner. Qui peut, dit-il, me donner cet avis ? — Il est certain ! — Certain ? Qui êtes-vous, où êtes-vous ?.... On ne répond plus.

Jules sort de la chapelle ; il en fait le tour ; il examine ; il regarde dans la campagne ; il ne voit personne ! Ceci, dit-il, tiendrait-il du prodige ? serait-ce l'ombre de mon père, la voix des anges !....

Il rentre dans la chapelle pour y faire de nouvelles perquisitions, et trouve sur l'autel une bourse et une lettre. La lettre lui offre ce peu de mots :

» Votre action d'hier m'a en-
« chanté, Jules ; vous redevenez tel
« que l'on souhaitait que vous fus-
« siez toujours. Acceptez cent louis,
« et ne rougissez point ; c'est une
« véritable dette que j'acquitte ; ah!
« je ne saurais trop vous aider à
« faire le bien?... Je vous le répète,
« Jules, il n'est pas loin de vous le
« jour du bonheur ».

Le Vieillard du cimetière de Saint-Cyprien.

Jules conçoit bien que c'est ce vieillard qui vient de lui parler ; mais comment a-t-il pu échapper aux regards, entrer dans la chapelle? et qui lui a découvert l'asile de Jules? Il est donc là, continuellement dans ces campagnes désertes, où l'on ne rencontre pas un seul individu ?

Jules prend machinalement la bourse, la lettre, et, seulement occupé de la bizarrerie de cette aventure, il va battre les taillis, les bouquets des bois voisins de la chapelle... Il ne rencontre personne, et revient chez lui, où il trouve Jacques couché. Eh quoi, lui dit Jules, te voilà sitôt dans ton lit ; il n'est que quatre heures après midi. — Pardon, mon maître ; je ne me sentais pas bien. Je me suis endormi depuis onze heures que vous êtes sorti, et je me lève pour vous servir. — Non, si tu es indisposé .... — Cela va mieux, oh, beaucoup mieux ; mais j'avais besoin de ces cinq heures de sommeil.

Jules, qui avait soupçonné Jacques, vit clairement qu'il n'était pour rien dans l'aventure de la chapelle. Il la lui raconta, et le bon auvergnat s'écria, tout en se frottant les yeux : c'est si extraordinaire, tout ça, que je crois qu'il y a là-dessous de la sorcellerie ou de la diablerie. Si j'étais de vous, mon maître, je n'irais plus à la chapelle des Champs; il y revient des esprits, il n'y a pas de doute.

Jules ne put s'empêcher de sourire de la simplicité de Jacques Niquet. Jacques insista pour que son jeune maître ne remît plus les pieds dans cette chapelle maudite, ainsi qu'il l'appelait. Mais ce qui lui arrivait là était trop piquant pour que Jules renonçât à la visiter; il se promit bien d'y retourner le lendemain et tous les jours.

Jules fut beaucoup plus agité cette nuit-ci que l'autre. La voix qu'il avait entendue, l'assurait qu'Agathe n'était point enceinte, qu'elle l'avait trompé!.... Se serait-elle désignée elle-même en parlant d'un monstre affreux qui avait abusé de la confiance de Jules?.... Si elle n'est pas ce monstre dont tout le monde lui parle, pourquoi avoir supposé une prochaine maternité, qui n'existe pas?.... Qui donc a mis en œuvre cette fille, et quel est l'individu qui voulait faire arrêter Jules, quand les Rynneval n'y songeaient nullement, au rapport de Jacques?

Jules revient sur Adalbert, et rejette soudain cet odieux soupçon loin de sa pensée. Il cherche à deviner comment le vieillard a pu lui parler à la chapelle, sans se laisser approcher. Le but de toutes ses réflexions fut de mettre sa confiance en Dieu, qui ne l'abandonnait pas, et la religion vint jeter dans son ame le baume de la consolation.

Le lendemain, les jours suivans, il se rendit, comme à son ordinaire, à la chapelle des Champs, où il ne lui arriva rien de nouveau.

Il avait passé deux mois déjà dans sa maisonnette, lorsqu'un événement inattendu vint l'en faire sortir, pour lui ouvrir une nouvelle carrière.

VII.

Il hésite, il avance, il arrive enfin et frappe à la porte de cette maison, dont l'aspect imprévu a fait frissonner tous ses membres.

M. Ledoux se présente, accablé de douleur, un matin, chez notre jeune homme : Mon cher Monsieur, lui dit M. Ledoux, je vais vous faire bien de la peine, et moi j'en éprouve beaucoup aussi dans ce moment. — Daignez m'apprendre ? — Il faut que vous quittiez dès aujourd'hui même cette demeure qu'un méchant m'enlève, et dont il exige que je lui livre les clefs ce soir. — Comment ? — Lisez ce maudit papier ?

M. Ledoux donne à Jules un papier de chicane tout griffonné, et vraiment illisible. Qu'est-ce que cela veut dire, demande Jules? — Ce méchant seigneur de la terre voisine à ma maison, cet homme dur, despote, dont je vous ai parlé, que vous avez sans doute vu, rencontré?.... — Jamais. Eh bien? — Eh bien, depuis long-tems il voulait avoir cette propriété pour agrandir son parc. Apparemment qu'il a surpris la religion de l'intendant de la province. Appuyé d'autorités contre lesquelles il n'est pas possible de réclamer, il me signifie l'ordre de vider les lieux aujourd'hui, sans retard, attendu que demain il met des ouvriers dans la maison pour la démolir. — Quoi, sans vous dédommager? — Pardonnez-moi.

Cet ordre, que voilà par écrit, était accompagné d'une somme de dix mille francs, à laquelle ce bien est évalué, et qu'il m'a bien fallu accepter. — Et c'est tantôt ?.... — Qu'il vous faut chercher un autre asile. — C'est une injustice révoltante. Je ne la souffrirai pas. — Que ferez-vous ? contre les grands y a-t-il de la résistance à opposer. Je vous indemniserai, mon cher Jules. Tout ce que vous me demanderez.... — Y pensez-vous, mon respectable hôte ! Vous êtes assez à plaindre. — Et bien payé entre nous ; car ceci, vu l'isolement, les réparations à faire, ce bien vaut tout au plus huit mille francs ; mais j'en tirais quatre cents de location, et cela me valait mieux. — Sans doute. — Je vous le répète, exigez de moi tout ce que vous voudrez. — Rien, non rien, homme infortuné à qui je ne puis oublier que je dois la vie. — Ce n'est pas sous ce rapport.... — Pardonnez-moi. Vous êtes victime de l'injustice, je n'ajouterai point à vos chagrins, et je me retirerai. — Dès aujourd'hui ? — Oh, mon Dieu, tout à l'heure. Je ne possède plus que quelques effets; ma valise est même trop grande; je vais la faire emplir, et mon domestique ainsi que moi, nous vous débarrasserons; oh, notre déménagement ne sera pas long. — Vous me faites un plaisir que je n'oublierai jamais !

M. Ledoux se retira un moment. Jules fit venir Jacques, et lui apprit la nouvelle de ce brusque départ, qui affligea beaucoup l'auvergnat. Pendant que Jacques s'occupe de la valise, Jules promene ses derniers regards sur son logement, sur la campagne qu'il va quitter; il ne regrette tout cela que par rapport à la chapelle des Champs où il aimait à se retirer. Tout-à-coup il fait une réflexion et forme un projet que lui suggère une question de Jacques : C'est fort bien, dit le fidèle serviteur, on nous chasse; nous consentons à partir; mais où allons-nous; avons nous-là un autre logement tout prêt ? — Oui, j'en ai un, répond Jules, et c'est Dieu lui-même qui m'inspire cette idée. — Voyons, quel est-il, mon maître, ce logement? sera-t-il aussi commode que celui-ci ? — Pas tout-à-fait. — C'est ?.... — C'est la chapelle des Champs. — Bah! cette chapelle qui n'a ni porte, ni fenêtres? au mois de novembre, au bord de l'hiver, à l'approche des frimas qui déjà se font sentir, nous irions nous établir là ! est-ce que nous prendrons en même tems des habits d'anachorètes ? — Tais-toi; tes plaisanteries me déplaisent. J'ai mes raisons, tu les sauras. La valise est-elle prête ? — Oui, Monsieur ; tous nos meubles y sont. — Eh bien, vas la porter. — Où ? — A la chapelle. — Vrai, sérieusement ?.... — Très-sérieusement. — Oh, mon bon Dieu, mon bon Dieu ! qu'est-ce que nous ferons-là ? douze pieds carrés tout au plus, pour deux personnes, et pas de lit ? — Il y a de la paille. — Joli coucher! — Je ne t'ordonne pas d'y rester près de moi. Si cela te contrarie.... — Ah, mon maître ! avez-vous pu prononcer une telle parole ? ne vous ai-je pas juré de ne vous quitter qu'à la mort. Vous m'affligez bien cruellement !

Des larmes coulent des yeux du sensible Jacques. Jules en est touché : Mon ami, lui dit-il, mon cher ami, Je suis fâché...... Tu me pardonnes ? — De tout cœur, mon jeune maître. Je vous suivrai par-tout, j'habiterai une plaine, si vous le voulez ; c'est vous dire assez que je me trouverai heureux dans la chapelle, puisqu'elle vous plaît, et que je m'y ferai hermite près de vous, s'il le faut.

Jacques partit avec la valise. Jules s'acquitta envers M. Ledoux, lui remit ses clefs, et se rendit tout pensif au singulier logement qu'il avait choisi. Jacques y commençait à greloter de froid. Jules, qui réfléchissait, n'y fit pas attention. Il contempla encore une fois les traits de sa mère dans l'image de l'autel, et s'écria : Oui, ma mère, je dévoue le peu de jours qui me restent à la pénitence, aux privations de tout genre. Voilà désormais l'asile que j'habiterai, et j'y serai l'ami, le père, le consolateur des pauvres.

Soudain, la même voix, que Jules a déjà entendue, dit très-haut : Jules, je suis ravi, enchanté de ce projet!

Hein, mon maître, interrompt Jacques en tremblant de tout son corps, est-ce vous qui parlez, ou si c'est l'esprit qui revient? — C'est au-dehors, répond Jules; cours à droite, je vole à gauche de la chapelle, et nous apercevrons peut-être....

Tous deux sortent, cherchent, examinent...... et ne découvrent rien!.... C'est un lutin, poursuit Jacques, je vous assure que c'est un lutin! feue ma grand'mère me racontait qu'un jour, une voix comme celle-là..... — Epargne-moi tes contes, mon ami, et laisse-moi parler? cette voix-ci ne vient ni d'un lutin, ni d'un revenant. C'est le vieillard qui écrivait à mon père, que j'ai vu une seule fois dans un cimetière, et qui..... — Il s'est donc rendu invisible depuis ce tems-là? — Il est vrai qu'il confond mon jugement! — Entendre et ne voir personne ; si ce n'est pas-là du sortilège, je ne m'y connais pas. (*Jacques crie plus haut*) Qui que vous soyez, diable, ange, ame du purgatoire, que sais-je : si voulez des prières, nous vous en dirons tant que vous voudrez; mais, pour Dieu, ne nous tourmentez plus.

Et Jacques se jette à genoux en marmottant force oraisons en latin, où il ne comprend rien, mais qui lui semblent suffisantes pour conjurer l'esprit.

Jules, malgré son trouble, est presque tenté de rire. Il n'y tient plus quand le bon Jacques ajoute, après ses prières : Vous ne savez pas, mon maître, j'irai demain chercher de l'eau bénite à quelque paroisse voisine, et nous en jetterons par-tout ici.

Puis il prend son briquet, sa pipe, et se met à fumer, en levant la tête, en regardant de tous côtés, comme un homme qui veut se donner du cœur.

Jules sourit cette fois ; mais bientôt il retombe dans le chaos de ses pensées, que les paroles de l'invisible accroissent, comme on doit le croire. J'ai dans l'idée, dit-il à Jacques, que ce vieillard mystérieux habite quelque cabane dans ce bouquet de bois que voilà là-bas. J'y ai remarqué l'autre jour deux ou trois masures de bergers. Reste là, je vais les visiter de nouveau.— Moi, que je reste ici seul? non, ma foi, j'aurais trop peur!— Poltron! viens avec moi, si tu veux; mais ma valise que voilà? s'il entre quelqu'un pendant mon absence?... — Vous sentez donc que cet endroit-ci est inhabitable? un lieu ouvert à tout venant! Pour la valise, je vais la cacher sous ce tas de paille; il n'y a que le diable qui puisse l'y deviner là; et, si c'est lui qui nous

parle ici?...— Imbécille! as-tu fait?
— Oui, la voilà bien couverte; partons, mon maître.

Jules et Jacques vont examiner toutes les cabanes, toutes les masures des environs, et passent un si long tems à cette recherche, que la nuit est tout-à-fait noire lorsqu'ils songent à revenir à la chapelle.

Quel est leur étonnement, en apercevant de loin des tourbillons de feu et de fumée qui éclairent la plaine où est située cette chapelle? O mon bon Dieu, dit Jacques, est-ce elle qui brûle donc?—C'est-elle même, j'en suis sûr.— Le diable, après nous avoir lutinés, y aura mis le feu. — Ce diable-là, c'est toi, Jacques. Tu as fumé tantôt; une étincelle.... — C'est possible; mais courons; et notre valise!

Jacques et Jules accourent à toutes jambes vers le monument embrsé, où il leur est impossible d'entrer, tant le feu qui en sort par les issues est ardent.

Jacques marmotte entre ses dents : Eh bien, nous voilà, vous et moi, Monsieur, comme deux petits saints Jeans ; c'est-à-dire, tout nus. — J'ai heureusement sur moi mes lettres, mon porte-feuille, de l'argent. — Tout cela est fort bon ; mais qu'allons nous devenir ? — Nous allons, mon ami, réaliser le projet que j'avais formé depuis long-tems. Nous nous rendrons au Mée, chez le père Augely. Tu dis que le Mée est près d'ici ? — A deux ou trois lieues. — Tu sais les chemins qu'il faut prendre ? — J'irais les yeux bandés ; oh, ces campagnes me sont connues ;

je vous mènerais de même à Courthezon, à la Chevrotière, au Paradis. —Malheureux, quel nom as-tu prononcé?...—Monsieur, tout le monde sera couché au Mée quand nous y arriverons. — Il n'importe.... nous attendrons le jour... je le verrai au moins, ce bon religieux; j'embrasserai ses genoux, je lui avouerai toutes mes fautes, et il m'aidera de ses pieux conseils! —C'est fort bien pensé! mais nos pauvres effets! — Ne pensons plus à cette perte légère, irréparable d'ailleurs, et partons. — J'en suis bien-aise par réflexion. Au moins nous passerons notre quartier d'hiver dans un gîte plus clos, moins ouvert à tous les vents, où peut-être le diable nous laissera tranquilles.

Jules a pris son parti. Il prie Jacques de lui indiquer la route à prendre, et les voilà tous deux voyageant par la nuit la plus sombre, guidés néanmoins quelque tems par la clarté des flammes que jette toujours l'incendie de la chapelle. Bientôt ils se trouvent dans l'obscurité la plus profonde, et, pour comble de bonheur, il survient une pluie tellement abondante qu'ils sont obligés de recourir à l'abri d'une arche pratiquée sous un grand chemin qui coupe deux vallées. Quoique la saison soit avancée, un orage affreux vient se mêler à cette espèce de déluge. Le tonnerre, les éclairs, la grêle, tout porte l'effroi dans les ames de nos voyageurs, et quatre heures entières s'écoulent au milieu de ce bouleversement de la nature,

Enfin l'orage se calme, la pluie cesse, et ils se remettent en route ; mais les nuées s'amoncèlent une seconde fois ; la pluie, la foudre, les éclairs redoublent, et, malheureusement, il n'est plus, dans cette campagne aride, aucun abri. Il faut bien prendre son parti, marcher toujours. Le petit jour paraît, et Jacques remarque avec effroi qu'il s'est égaré. Ils ont fait au moins six lieues, mais en tournant, de manière que Jacques ne sait plus décidément où il est. L'orage diminue sensiblement ; l'aurore commence à éclairer distinctement les objets, et nos voyageurs sont sur le sommet d'un monticule qu'ils ont eu bien de la peine à gravir. De là ils aperçoivent une seule habitation qui leur paraît vaste, où il leur est possible de demander l'hospitalité. Jacques se remet soudain les sites qui l'entourent, et dit à Jules, avec l'expression d'une joie maligne : Je sais où nous sommes à présent, moi, Monsieur; et vous?.... Regardez bien.... Vous devez pourtant vous rappeler.... — Attends..... en effet.... Quel est cet asile champêtre, au fond de ce vallon.... au bord de ce ruisseau limpide?..... Ciel! je le reconnais; c'est la maison de mon père!....

C'était en effet le Paradis lui-même, et la colline qu'ils avaient gravie commençait la pente douce qui conduisait, du côté de la rivière du Meyne, à la montagne d'Orange. Oui, mon bon maître, dit Jacques avec une émotion remarquable, voilà le Paradis. Au lieu de vous guider à gauche, où est Courthezon, je vous ai, sans le savoir, amené à droite, et nous sommes à deux pas du toît paternel. — Du toît paternel! Quel souvenir ! et que j'étais bien différent quand j'en suis sorti. — Allons, entrons-y! nous sommes assez trempés de la pluie! — Que dis-tu, insensé ? Que me proposes-tu ? moi, je rentrerais dans cet asile de l'innocence, du malheur! je m'offrirais aux yeux d'une mère!... — La douleur vous égare, mon cher maître; vous oubliez que votre mère n'habite plus cette propriété; qu'elle l'a vendue à des étrangers; que vous y serez inconnu, étranger aussi pour les personnes qui l'occupent actuellement? — Il n'importe, ces

murs m'accusent déjà, et me font un mal !..... Que serait-ce si l'intérieur me retraçait.... — On m'a assuré que tout y était changé; croyez-moi, monsieur Jules, la vue de ces lieux, où votre jeunesse goûta la paix de l'innocence, calmera vos regrets, adoucira vos peines; et l'aspect du monument funèbre où sont renfermés les restes insensibles de votre père.....
— Ciel! que m'apprends-tu? mon père!.... — Voilà son tombeau, vous le voyez d'ici. — Celui d'Evrard ?..... — Votre père y jouit du repos éternel, ainsi que votre aïeul. — Quoi! les nouveaux propriétaires de cette maison ?.... — Se sont engagés, par une clause du contrat, à respecter cet asile de la mort. — Ah! fuyons..... — Monsieur Jules veut

donc manquer l'occasion de rendre ses devoirs aux mânes d'un père qu'il a irrité contre lui ?

Jacques prononce ces mots d'un ton froid et presque impératif; il a produit sur l'ame de Jules la plus profonde émotion. Jules le fixe, pâlit, et lui répond : Tu as raison, Jacques, tu as raison; c'est Dieu qui t'inspire. Je prierai près de vous, ô mon père, et vous ne rejetterez pas ma prière ; marchons.

Il hésite, il avance, il arrive enfin, et frappe à la porte de cette maison, dont l'aspect imprévu a fait frissonner tous ses membres.

VIII.

Ah, si ce malheureux jeune homme fut coupable, il expie bien cruellement ses fautes !

Le soleil commence sa carrière derrière la montagne, et il paraît que l'on est levé au Paradis. Un jardinier ouvre, demande à nos deux voyageurs ce qu'ils désirent. Jules, que frappent les localités de cet endroit, reste interdit; c'est Jacques qui répond pour lui. Nous sommes, dit-il, deux voyageurs égarés, et nous prenons la liberté de demander l'hospitalité au maître de cette maison. — Il n'est pas ici, mon maître, il n'habite pas ordinairement ici. — Mais a-t-il un concierge, quelqu'un qui ait la bonté de nous recevoir en son absence ? — Oh! oui, son intendant est là, vous pouvez lui parler.

Le jardinier ferme sa porte, s'en va à son ouvrage, et laisse nos amis libres d'entrer dans la salle basse, où un vieillard vénérable se présente à eux. Il n'a pas plutôt ouvert la bouche que Jules le reconnaît.

Quoi! dit-il, c'est Asselino! — Lui-même; et vous, Jules, par quel hasard ?..... — Asselino! c'est toi; je te revois!

Jules veut lui sauter au cou; Asselino le repousse froidement, en lui disant : Doucement, Monsieur ; il fut un temps où vos embrassemens me comblaient de joie ; mais ces temps sont changés. Vous avez méprisé mes avis; donc vous ne m'estimez plus, vous n'avez plus d'amitié pour moi. — Que dis-tu ? — La vérité. Je ne suis qu'un étranger pour vous, et cette maison n'appartient plus à votre mère. — Je le sais. — Moi-même, je ne suis plus au service de cette dame trop infortunée. — On me l'a dit. — Modérez donc ces transports, qui sont maintenant hors de saison, que vous devez garder pour les nouveaux amis que vous avez faits. — Asselino ! tu me traites avec une cruauté !..... — Comme vous le méritez. Est-ce à dessein que vous êtes revenu ici; sous quel prétexte ?..... — Asselino ! ce soupçon injurieux..... — Qu'y demandiez-vous ? — Asselino, égaré cette nuit, je n'ai reconnu cette maison que dans l'instant, et je ne m'attendais pas, en y réclamant l'hospitalité..... — Je vous l'accorde. — Et moi je la refuse. Je n'avais pas assez de mes remords, il faut que ce vieillard barbare !..... — Vos remords vous rendront-ils votre malheureux père? rétabliront-ils la fortune de votre mère? Jeune homme, examinez ces lieux; entendez-vous leur éloquence? Ici, vous fûtes, à votre retour du collége, embrassé par votre père, votre mère, votre cousine, qui avaient réuni les pastourelles, préparé une petite fête pour vous recevoir. Là.... — Epargne-moi, Asselino! en grace, épargne-moi! Je suis coupable, je le sais, mais puisque tu refuses de m'ouvrir tes bras, souffre au moins qu'à tes pieds je déteste des fautes qui m'ont aliéné les cœurs de tous ceux qui m'aimaient.

Oh ! oui, l'on vous aimait, poursuit Asselino en le relevant; on vous chérissait, ingrat Jules! Que n'avez-vous pu sur-tout lire dans mon cœur, à moi, il vous était encore ouvert!....

Le vieux serviteur se détourne pour verser des larmes. Jules, profondément ému, le serre dans ses bras et l'accable de caresses. Asselino, dit-il, rends-le moi ce cœur excellent qui ne peut me haïr, qui ne le doit plus au moins. Je suis repentant, Asselino, oui, mon seul vœu est de vous voir tous me pardonner, et de mourir après.

Asselino parut se calmer; mais il n'en resta pas moins froid envers le jeune homme. Il le fit asseoir

près d'un grand feu, et continua :
Je ne conçois pas comment vous pouvez m'affirmer que le hasard seul vous ait conduit ici. — Je n'y comprends rien moi-même : c'est Jacques qui m'a égaré. — Egaré, dans ces campagnes, que vous devez connaître parfaitement; vous les avez assez parcourues autrefois. Où allez-vous ? — Je me rendais au Mée, chez le révérend père Augely; j'allais le supplier de m'entendre, de me prodiguer ses avis, ses consolations; et, encore une fois, je n'ai reconnu le Paradis que lorsque je me suis arrêté sur la colline qui commence la montagne d'Orange. — Mais Jacques Niquet que voilà, comment se trouve-t-il avec vous ?

Jules alors raconta à Asselino

tout ce qui lui était arrivé depuis Montélimart, ainsi que la rencontre qu'il avait faite du bon Auvergnat, qui maintenant était à son service. Il prouva une résignation si constante, des regrets si touchans des chagrins qu'il avait causés à ses parens, qu'Asselino en parut vivement touché. Il offrit aux voyageurs quelque nourriture, qu'ils acceptèrent; puis Jules demanda en tremblant des nouvelles de sa mère. — Votre mère, lui répondit Asselino! elle pleure, elle gémit à la Chevrotière, la seule propriété qui lui reste. Elle vous accuse, et néanmoins elle prie tous les jours l'Etre suprême pour qu'il vous pardonne. — Tendre mère!.... Et... Aloyse ? — Aloyse pleure aussi sur la mort de son oncle, sur les maux de sa tante, et sur votre inconstance. Vous savez qu'elle a recouvré tous ses charmes? Elle est même plus belle encore qu'avant sa funeste maladie. — Et elle me hait! — Peut-elle, doit-elle vous aimer, quand vous avez trahi le serment de lui être fidèle? — Malheureux que je suis!

Il cache sa figure dans ses mains, et reprend: Asselino, as-tu découvert enfin quel est ce vieillard du cimetière de Saint-Cyprien, qui m'écrit, me parle, et que je ne puis rencontrer, ni voir? — Ce.... vieillard?.... vous le verrez un jour; faites des vœux, mon ami, pour qu'il daigne se faire connaître à vous. — Quel est-il. — Vous le saurez. — Pourquoi ne m'apprends-tu pas sur-le-champ? — Il me l'a défendu...

Mais est-ce à vous à m'accabler de questions? oubliez-vous que je ne vous appartiens plus, et que vous n'auriez aujourd'hui sur moi d'autres droits que ceux de l'amitié, si vous aviez su vous en rendre digne. Levez-vous, suivez-moi, venez visiter cette demeure qu'un étranger possède à présent, et qui fut si riante autrefois. Puissent les changemens que vous y trouverez, faire une profonde impression sur votre cœur, jadis si pur!

Asselino marche devant, et Jules le suit en tremblant, tandis que Jacques achève de sécher, auprès du feu, la pluie dont il a été trempé.

Asselino mène Jules dans le salon que décoraient autrefois les portraits de sa famille. Ces portraits n'y sont plus. D'autres tableaux, en retraçant les mêmes personnages, rappellent toutes les scènes qui se sont passées au Paradis, depuis la sortie de Jules du collége de Lisieux.

Vous voilà, dit Asselino, ici, à l'âge de quinze ans, descendant avec moi de voiture à la porte de cette maison, volant dans les bras de votre père, de votre mère, qui précèdent cette jeunesse provençale réunie pour vous fêter avec des fleurs et des chansons. Vous rappelez-vous cette entrée presque triomphale, où la tendresse paternelle, la piété filiale se livrèrent aux plus douces effusions! — Oh, que ce tableau accroît mes remords! — Passons. Dans celui-ci, vous êtes assis, au jardin, auprès de votre père, qui vous raconte ses malheurs, qui paraît terrifié de la malédiction dont l'accabla M. Evrard; et vous, l'écoutant avec intérêt, vous avez l'air de vous écrier : *Que je rends graces au ciel de m'avoir donné un meilleur père ! c'est à moi de vous consoler de tant d'afflictions.* Avez-vous tenu parole. — Je succombe, Asselino! — Voyons celui-là. Je suis avec vous dans le cimetière de Saint-Cyprien. Voici ce vieillard mystérieux que nous tirons des débris du tombeau. Il vous dit : *Suivez toujours la voie de l'honneur, de l'humanité; soyez bon, vertueux, et je vous prédis qu'un jour vous serez heureux, bien heureux !* .... Vous savez qui a détourné les effets de cette touchante prédiction ! — Asselino, tu m'accables ! ....

Jules est pâle, défait. Asselino

guide sans pitié ses pas vers les autres tableaux. Ici, continue-t-il, vous voyez votre départ. Adalbert et son digne ami Forville vous enlèvent, pour ainsi dire, à quatre heures du matin. Vous pleurez en montant dans leur voiture, et vous semblez répéter cette exclamation, naïve, mais touchante : *A présent !... Quand te reverrai-je, ô toît paternel !* .... Remarquez la joie féroce qui brille dans les regards de ce méchant Adalbert ? — De ce méchant Adalbert ? — Oui, oui, je sais ce que je dis, et vous apprendrez bientôt combien cet homme vous a indignement trompé.— Grand Dieu! il est donc *ce monstre affreux,* dont tout le monde me parlait sans le désigner? — Il n'est pas tems encore de vous instruire ; suivons.

Que mon lecteur se mette un moment dans la situation de Jules, et il sentira de combien de coups à-la-fois il est accablé! Ah, si ce malheureux jeune homme fut coupable, il expie bien cruellement ses fautes!

Un autre tableau fait voir à Jules, M. Berny mourant, entouré de sa femme, de sa nièce, de M. Dabin, des domestiques, tous fondant en larmes. Le moribond tient la main de Mme Berny, et paraît lui dire les derniers mots qu'il a prononcés : *Chère Aura, ton indigne fils!....*

Plus loin, toute la famille est en deuil, pâle, souffrante. Un notaire dresse le contrat de vente du Paradis; et l'oncle Dabin comptant l'argent, a l'air de s'écrier : *Voilà de quoi réparer les folies d'un jeune insensé!....*

Un dernier tableau enfin retrace madame Berny pleurant au pied du tombeau qui renferme les restes de son époux. Ses regrets font présumer qu'elle lui dit : *Notre fils devait faire notre consolation ; il m'a privé de toi ; il est devenu parricide ; oh, mon cher Berny, je l'abandonne, et ne tarderai pas à te suivre !*

C'est ainsi qu'Asselino explique chaque tableau qu'il montre à Jules, et la douleur de ce jeune homme est au comble. Asselino l'emmène dans l'appartement que notre jeune ami occupait autrefois. Cet asile où Jules goûta cinq ans la paix de l'innocence, est dégarni de meubles, et tendu de noir. Cette inscription se fait remarquer sur un des lambris : *Ici, Jules fut vertueux ; il a* changé ; ce fils ingrat est à jamais mort pour nous.

Jules verse un torrent de larmes ; il s'approche d'une croisée, et apercevant de là le tombeau d'Evrard, il demande à aller le visiter.

Asselino l'accompagne ; ils arrivent à ce monument funèbre. Une épitaphe, gravée sur un marbre noir, frappe les yeux de Jules ; on y lit :

A LA MÉMOIRE DU PLUS TENDRE ÉPOUX.

Il fut excellent père,
Bon parent, bon ami.
Sa veuve inconsolable,
Son oncle, sa nièce,
Ses serviteurs
Lui ont érigé ce monument.
Pleurez !
Pleurez sur son fils
Qui causa sa perte
IRRÉPARABLE

Jules, à cette lecture, tomba dans un véritable désespoir; il poussa les plus tristes gémissemens. Aussitôt, la même voix qu'il avait entendue deux fois à la chapelle des Champs, s'écria : *Sa douleur me déchire l'ame. Jules ! espère, espère, mon cher Jules !* ....

Encore le vieillard, dit Jules ! où est-il ; quel qu'il soit, je me jette à ses genoux, je les arrose de mes pleurs, et je m'abandonne à sa sainte protection. — Vous vous trompez, dit Asselino; est-ce qu'on a parlé ? — Oses-tu nier ? .... — C'est un effet du trouble de vos sens. Peut-il y avoir ici d'autre personne que nous.— Je veux bien te croire, Asselino ; mais c'est pour te prouver que je sais respecter tes secrets.

Jules pria long-tems, agenouillé

sur la tombe de son aïeul et de son père. Asselino en eut pitié et le consola avec les marques d'un véritable intérêt.

En revenant avec lui à la maison, Jules fit cette réflexion qui embarrassa un peu d'abord le vieux serviteur : Dis-moi donc, Asselino, puisque le Paradis a changé de propriétaire, pourquoi, dans quel dessein, a-t-on mis cette épitaphe, et là-bas, dans le salon, tous ces tableaux allégoriques aux diverses situations de ma vie ? Quel intérêt a donc le nouvel acquéreur à conserver des tableaux de famille qui ne le concernent pas ? — Quel.... intérêt ?... Oh, c'est que .... cet acquéreur, Jules, n'est pas un homme comme un autre. Il vous a vu, oh oui, il vous a vu bien jeune ! il aima vos....

parens, et leurs malheurs n'ont pu lui être indifférens. — Tu le nommes? — M. Delombre. — J'en ai entendu parler; mais j'ignorais qu'il fût l'ami de mon père. Toi-même, Asselino, comment te trouves-tu ici son intendant ? Jacques m'avait dit, ce me semble, que tu t'étais retiré du service? si tu voulais t'y remettre, pourquoi n'être pas resté auprès de ma mère ?.... — Je.... m'étais promis, il est vrai..... que vous dirai-je ? je n'ai pu résister aux instances de M. Delombre, qui n'avait confiance qu'en moi; et d'ailleurs, madame votre mère, ruinée, désolée, ne pouvait plus se réserver que mademoiselle Prudence. — Tout cela me paraît.... Au surplus, bon Asselino, je te répète que tes secrets seront dorénavant sacrés pour moi. Je ne te demande que tes conseils ; ah ! pourquoi n'ai-je pas suivi ceux que tu me donnas autrefois !.... Mais Adalbert ! comment, en quelle occasion, pour quel motif enfin a-t-il pu me tromper ? Je ne puis concevoir, ni me rappeler.... — Tenez votre parole, Jules, ne me pressez pas de questions. Le tems approche où tous ces mystères vous seront dévoilés. — Je l'attendrai avec confiance et patience, mon cher Asselino. Oh, je suis bien changé ! — Je m'en aperçois, et j'en rends grace au ciel qui m'accorde aujourd'hui le prix de mes soins !

Tant de fatigues, et sur-tout les révolutions que Jules venait d'éprouver coup-sur-coup, l'avaient beaucoup affaibli. Le soir il demanda à se retirer de bonne heure. Asselino le conduisit dans l'appartement occupé jadis par son père. Asselino lui prodiguant les plus tendres soins, le mit au lit, lui souhaita une bonne nuit et se retira en emportant la lumière.

Jules, dans l'obscurité, pensa à cette chambre où il avait eu tant de fois le bonheur d'embrasser son père. Ce lit même était peut-être celui où ce digne auteur de ses jours avait rendu le dernier soupir. Ces réflexions lui causèrent une agitation qui l'empêcha de dormir, et la nuit était déjà bien avancée, lorsqu'il entendit ouvrir doucement sa porte. Qui vient, demanda Jules! — Vous ne dormez pas ? — Ciel ! la voix du vieillard mystérieux ! — C'est moi en effet, mon cher Jules.

— Et je n'ai plus de lumière! — Nous n'en avons pas besoin pour causer!

Jules entend le vieillard qui marche droit à son lit, s'asseoit près de lui, et lui prenant la main, continue ainsi : Jules, tout ce qui s'est passé, tout ce qui se passe encore ici, vous paraît sans doute bien extraordinaire ? — Je l'avouerai, Monsieur; quoique vos lettres, vos paroles, ne m'ayent jamais inspiré que de la confiance, je ne puis me défendre d'une espèce de terreur secrète, en vous sachant aussi près de moi, dans l'obscurité la plus profonde. Adalbert m'a trompé, dit-on; cette cruelle épreuve doit me faire douter si la manière bizarre dont vous vous présentez chez moi doit me faire voir en vous un ami, ou....

un ennemi ! — Moi, votre ennemi, Jules.... Ah, si je le fus jamais, combien j'ai lieu de m'en repentir ! — Quoi, vous avez été ?..... — Jules, vous n'avez pas d'ami plus tendre, plus précieux que moi, et bientôt je vous le prouverai — Je ne vous ai vu qu'une fois, bon vieillard; alors vous ne craignîtes pas de vous offrir à mes regards! Pourquoi aujourd'hui dérobez-vous à mes yeux vos traits vénérables ! — Jules, j'ai voulu vous parler, non vous voir; je n'ai pû résister au bonheur de vous serrer dans mes bras.

Jules sent que le vieillard, penché sur son lit, le presse contre son cœur, lui prodigue les plus tendres caresses. Jules se rassure, il éprouve même qu'un penchant secret lui parle pour cet étranger qui s'obstine à rester invisible. Vous m'accablez de marques de tendresse, lui dit Jules! Qui donc êtes-vous, vieillard impénétrable! seriez-vous l'acquéreur de cette maison ? — Je le suis. — M. Delombre par conséquent? — Non. — Vous n'êtes pas M. Delombre ? — Non, vous dis-je ? — Et vous me cachez jusqu'à votre nom? — Vous l'apprendrez. — Vous me serrez la main; votre accent est tendre, touchant; vous paraissez très-ému! Qui donc peut vous intéresser à moi ? — Ton repentir, Jules! — Mais encore, par quel lien vous suis-je attaché?— Par ceux de la plus vive amitié. — Fûtes-vous également l'ami de mon père?— Non. Tu ne m'as jamais vu chez lui ? — Il est vrai. Et vous dites qu'autrefois je m'attirai votre haine ? — Je t'ai rendu toute ma tendresse ; oublions ces momens d'injustices et d'erreurs. — Vous ne devinez pas dans quel trouble vous me plongez ! Daignez le faire cesser. — Cela ne tardera pas. — Quand aurez-vous l'extrême bonté de vous dévoiler ? — Jules, un méchant est venu dans ces contrées.... Je l'attends..... Alors il me connaîtra, et toi aussi. — Un méchant ! Serait-il encore question d'Adalbert ? — Je ne m'explique pas. Le vil scélérat dont je parle, est arrivé aujourd'hui. Demain tu le verras..... Je le verrai de mon côté, et malheur à lui ! — En grace, parlez-vous d'Adalbert ? — Toutes les démarches de ce misérable me sont connues. Je l'ai suivi pas-à-pas ; et toi, mon cher Jules, je ne t'ai pas non plus perdu de vue ! — Oh, que je suis agité !.... Cette scène nocturne, l'impatience, la curiosité, tout allume dans mon sang une fièvre ardente !.... Calme-toi, mon jeune ami. Dieu touché de tes prières, de tes remords, va te rendre la paix de ta conscience et le bonheur ! Ne m'interromps plus ; laisse-moi jouir de ce doux moment après lequel j'ai tant soupiré !.... Je t'entends, je t'embrasse, je te presse sur mon sein. O Jules, quel ample dédommagement de tant de chagrins ! — Monsieur, oh Monsieur, ayez pitié de moi ; ma situation est affreuse ! — La mienne est bien douce ! calme-toi, je te le répète, je t'en supplie, mon cher Jules ; livre-toi aux douceurs du sommeil ; et quand le soleil aura éclairé deux fois encore ce triste séjour, tu me verras, tu me connaitras, tu ne me quitteras plus. Adieu.

Le vieillard mystérieux sort, et se méfiant de la pétulance du jeune homme, il ferme sa porte à double tour, en lui criant du corridor : Je te défends de me suivre !

Il faudrait être à la place de Jules pour deviner tout ce qu'il éprouve. Une visite si singulière l'occupa jusqu'au jour. Alors Asselino vint le tirer de son espèce de prison. Ce fut envain que Jules l'accabla de questions. Asselino se contenta de lui répondre : Ayez confiance, jeune homme, et songez que demain, demain, Jules, tout vous sera revélé.

Après le déjeûner, le jardinier vient annoncer qu'un Monsieur à cheval est là qui veut parler à M. Asselino ! — Le nom de ce voyageur, demande froidement Asselino ? — Il dit qu'il s'appelle Adalbert de Faskilan.

Adalbert, s'écrie Jules ! je n'en doute plus, il est bien ce méchant que l'inconnu m'a désigné ! si j'avais l'esprit faible, le ton vraiment prophétique de ce vieillard me ferait croire qu'il est sorcier. — Silence, Jules, dit Asselino, contraignez-vous, et laissez-moi lui parler. Lui-même vient hâter notre dénouement. (*au jardinier*) Qu'il entre.

Pour l'intelligence des événemens qui vont s'accumuler, je dois remonter plus haut, et voir, avec mon lecteur, ce que fit, ce que devint Agathe, après avoir facilité la fuite de Jules, à Montélimart, dans la maison de Palzi.

IX.

> Quelle abjection pour un coupable qui se voit forcé d'embrasser les genoux de ses propres serviteurs !...Où mene donc le crime !

L'exempt chargé des ordres secrets d'Adalbert pour arrêter Jules et Dennecy, s'était présenté chez Agathe. Agathe, repentante, comme on le sait, de sa conduite, et voulant sauver Jules, promit à l'officier de police de le lui livrer, cette nuit même, dans sa chambre, où elle aurait soin de l'attirer. Le soir, après avoir commis le soin de la fuite de Jules à un domestique de la maison qui lui est affidé, elle réunit tout le monde dans le salon de la maison, dont le maître, Palzi, est absent pour quelques jours. Soudain l'exempt entre, suivi de ses records. Il signifie à Dennecy l'ordre qu'il a reçu du banquier Dupont de l'arrêter. Il s'élève des cris; on veut opposer de la résistance. La St.-Elme, craignant pour elle même, sort de l'appartement, de la maison, et court se réfugier dans un hôtel garni. Pendant ce tems, Dennecy est porté dans une chaise de poste, et l'exempt monte avec Agathe chez elle, pour s'emparer de son second prisonnier. Mais la porte de la chambre où Agathe est censée retenir Jules, est ouverte, la serrure se trouve forcée à dessein, et cette fille prétend que Jules s'est échappé. On fait des perquisitions dans toutes les chambres, dans le jardin. L'exempt veut d'abord accuser Agathe; mais ses regrets paraissent si naturels, que cet homme est obligé de s'en revenir à Paris avec Dennecy, qui gémit de se voir seul la victime d'une trahison.

Agathe, dont le rôle, ainsi qu'elle le désirait, est fini; Agathe, qui n'a plus rien à faire à Montélimart, y reste néanmoins quelque tems, afin de rétablir sa santé ; puis, elle prend la poste et retourne à Paris, où elle se présente chez Adalbert, qui a sçu déjà, par l'exempt, le peu de succès de son cruel projet. Adalbert est furieux contre Agathe, qu'il soupçonne avec raison de lui avoir soustrait sa victime.

Osez-vous bien, lui dit-il, paraître devant moi? Où est Jules? — Jules n'est pas entièrement perdu pour vos projets. — Qui l'a fait évader? — Le bruit sans doute qu'a fait votre indiscret agent. — Vous n'avez pas facilité sa fuite? — Me croyez-vous capable d'un pareil trait de sensibilité? — Non, certes, et voilà ce qui m'étonnait de votre part. — Jules s'est sauvé en brisant la serrure de la chambre dans laquelle je l'avais enfermé; mais j'ai découvert sa trace, et il ne tient qu'à vous de le rattraper. — A la bonne heure! Indiquez-moi donc bien vite.... — Un moment: il y a long-temps que je partage vos crimes, que je crois bien odieux, quoique j'en ignore le but. Ils doivent, selon vous, vous procurer un bonheur inoui. Il faut que je m'en ressente un peu, moi. Outre la somme que vous m'avez promise, j'exige cent mille francs. — Cent mille francs ! — Il me les faut ; alors je vous découvre la retraite, connue de moi seule, où s'est caché votre Jules, et je vous sers encore. — Cent mille francs, malheureuse ! — Point d'injures : si vous me refusez ce juste fruit de mes soins, je tiens tous vos secrets, Adalbert ! prenez garde que je ne les divulgue. — Grand Dieu ! à qui ? — A Jules tout le premier, à ses parens, à ce religieux mathurin qui s'intéresse à cette famille. — Agathe, ô ciel ! est-ce vous qui parlez ? — Moi-même. — Misérable, que j'ai trop mal jugée, sortez d'ici ! — Je sortirai si vous me chassez ; mais ils sauront tout. — Agathe, restez. Adalbert est livré au plus grand trouble; il sent que ce n'est pas son intérêt d'irriter cette fille; il prend le parti de la douceur, de la persuasion. Agathe, ajoute-t-il, songez-vous que vous vous compromettez vous-même en faisant de pareils aveux? — Le service que je rendrais en ce cas à la famille Berny, me gagnerait son indulgence, mon pardon, et peut-être une forte récompense. — Ame vile! — Comme la vôtre; l'intérêt vous guide; pourquoi ne serait-il pas également le but de mes actions? — Je ne puis revenir..... Mais est-ce bien sérieusement que vous parlez, Agathe? — Très-sérieusement. — Qui a pu vous changer à ce point? — Le remord. — Vous

vous avisez d'avoir des remords; ils vous conviennent bien! — Mieux qu'à vous. Je vous préviens que la Dervisse, qui a joué le rôle de ma tante dans tout cela, se propose aussi de vous demander une très-forte somme. — Mais c'est donc une forêt ? — Oui : votre maison, vos actions sont dignes d'un scélérat. — Agathe! — Fâchez-vous si vous voulez; deux complices ont, je crois, le droit de se reprocher leurs torts. — Mais ignorez-vous que mon crédit, ma réputation, mes amis, peuvent vous faire repentir?... — Ignorez-vous, vous-même, que les lois peuvent vous atteindre si je parle ? — Les lois ! elles n'ont rien à faire ici. — C'est ce qu'il faudra voir.

La fermeté des réponses d'Agathe l'emporte sur la duplicité, sur l'hypocrisie d'Adalbert. Pour la première fois il connaît la crainte. Agathe, reprend-il avec douceur, calculez-vous quelle somme vous me demandez ? Et quand je pourrais vous l'accorder, serais-je sûr encore de votre discrétion ?—Oui : ma parole, vos lettres que je vous rendrais....— Perfide! quoi, vous abuseriez de ma correspondance, des secrets de l'amitié ? — De l'amitié! en existe-il entre gens de notre étoffe? Tout s'y fait pour de l'argent. J'en ai besoin; car je veux me retirer de la classe méprisable dans laquelle je n'ai fait que trop de sottises. — Cent mille francs, Agathe, cela m'est impossible. Ecoutez; nous sommes seuls; je veux bien vous avouer que, pour plonger ce Jules dans les égaremens où il est enfin tombé, je me suis ruiné. — Comment ? — Eh oui ; pour soudoyer tous ceux dont j'avais besoin, tels que vous, la Dervisse, la Détestor et mille autres, j'ai été obligé d'emprunter sur ma maison, de diminuer mon revenu. J'avais tout au plus cinq à six mille livres de rentes ; elles sont réduites à trois mille, et je dois beaucoup sur cette maison, qui ne vaut pas quarante mille francs ; comment voulez-vous que je vous en donne cent mille, sans compter ce que la Dervisse, qui met aussi sa conscience à prix, peut me demander ? — Arrangez-vous comme vous voudrez ; donnez-moi une très-forte somme, ou je parle. Adieu... Vous saurez au moins que lorsqu'on emploie des complices, il faut les bien payer. — Agathe! Agathe! vous me perdez! vous m'assassinez! Agathe!

C'est en vain qu'Adalbert appelle Agathe; elle est sortie, elle ne l'entend plus, et Adalbert sent un frisson mortel glacer tous ses sens. Il sonne Faustin; il veut le consulter sur cette affaire. Faustin ne vient pas. Adalbert se promène à grands pas. Il sonne de nouveau Faustin; et le croyant absent, il va s'informer de lui auprès de Rosalie. Faustin, lui répond cette fille, vient de quitter à l'instant le service de Monsieur. Mademoiselle Agathe l'emmène avec elle; ils paraissent être ensemble le mieux du monde. Et moi-même, je prie Monsieur d'agréer mon congé. — Où allez-vous? — Les rejoindre. —

Vous ne sortirez pas! — Je sortirai, Monsieur, et sur-le-champ. — Que prétendez-vous donc faire? — Vous nous paierez cher à tous notre silence, ou nous parlerons. — C'est une conspiration. Monstres !...

Adalbert saisit le bras de Rosalie pour la retenir. Cette fille s'échappe, et sort en effet, en criant à l'assassin.

Enfin, le méchant éprouve à son tour la terreur et les regrets : Qu'ai-je fait, se dit-il! j'ai mis presque dans ma confidence les plus viles créatures de la terre! ces misérables, en qui j'ai eu trop de confiance, se liguent tous pour me perdre; et ils me perdront! O Adalbert! que sont devenues ta prudence, ton expérience? Tu n'aurais accumulé tant de perfidies que pour en perdre aujourd'hui le fruit, pour être démasqué ; ô honte !... Je n'ai plus rien, pour ainsi dire; j'y ai sacrifié ma fortune, et je me laisserais dépouiller du reste !..... Cependant ces trois millions, ces bijoux précieux qui m'attendent là-bas ?... Ils peuvent bien couvrir cette légère perte.... Volons chez Forville; peut-être me prêtera-t-il de l'argent.

Adalbert prend un carrosse de place et se rend chez Forville, à qui il confie l'excès de sa douleur et les scènes qu'on vient de lui faire: Ainsi, poursuit-il, tu me vois, mon cher Forville, sans domestiques, sans amis, livré à la merci de ces malheureux qui peuvent faire échouer tous mes projets! — Je l'aurais parié, répond Forville en souriant avec ironie. Tu as été trop confiant. Quand on emploie des filles comme Agathe, des valets fripons tels que Faustin, on doit s'attendre à tout de leur part. — Tu prends la chose bien légèrement. — Comme je dois la prendre. Quel intérêt ai-je dans tout cela, moi. A la suite d'une orgie, tu m'as fait une confidence indiscrète, dont je me serais bien passé. Néanmoins j'ai gardé ton secret ; je te jure encore de le renfermer dans mon sein. Je t'ai aidé même autant que je l'ai pu ; mais aujourd'hui, si tu te trouves dans l'embarras, c'est ta faute, non la mienne. Ma foi, mon cher, arrange-toi. — Tu ne me prêterais pas cent mille francs ? — Où veux-tu que je les prenne ? faut-il que je vende la Pommeraye, mes biens, pour t'obliger ? Cela serait fort. Eh, parbleu, exécute-toi. L'immense héritage qui te reviendra en vaut bien la peine. — Et toi aussi, tu m'abandonnes ? — As-tu pensé que deux libertins de notre espèce pussent connaître, éprouver cette sotte amitié qui rendit célèbres Oreste et Pilade! Ami, pour le plaisir, voilà comme je suis.. — Forville serait de la trempe de ces.... — Mais non, pas du tout, tu m'injuries là fort gratuitement. Je ne te demande rien, je ne te menace pas. Je te promets au contraire de garder ton secret, qu'exiges-tu de plus de moi. —Que tu viennes à mon secours. — Pour de l'argent ? Il ne fallait pas faire des sacrifices comme cela, sans choix, sans discernement. Tiens, quand on se sert d'agens pareils, il faut tout redouter de leur part. Ils se liguent aujourd'hui ; ils te rançonnent ; Agathe les met tous en train ; elle fait bien ; il font tous très-bien ; c'est leur métier, et tu n'attendais pas d'eux de la délicatesse, j'espère. Adieu, mon ami, une affaire me presse, je te salue.

Forville descend, monte à cheval, sort, et laisse dans sa cour Adalbert fort étonné de tout ce qu'il vient d'entendre.

Il va se promener au Luxembourg. Agité, pâle, défait, bourrelé par sa conscience, par les menaces de ses complices, par la froideur de Forville, il se rappelle les expressions dont s'est servi ce faux ami, et se dit : En effet, je ne devais pas attendre de tous ces gens-là plus de délicatesse que je n'en ai eue moi-même. Mais reviendront-ils ? Les reverrai-je au moins ? Ne sont-ils pas allés déjà me dénoncer?. Ce n'est pas que j'aie rien à redouter des lois. Ma conduite ne les regarde pas ; mais si madame Berny, si Jules ; si cet Augely sont instruits, ils éclairent M. Tienny ; et ce notaire me refuse un héritage pour la possession duquel j'ai tout fait... Comment lui prouverai-je que Jules en est indigne, que les clauses du testament sont en ma faveur ? *Il faut, y est-il dit, que Jules devienne vicieux par son propre penchant au vice.* S'il est prouvé que j'ai dirigé ce penchant .... Mes lettres à tous ces agens de corruption ...... Imprudent !.... Où sont-ils, ce Faustin, cette Agathe, cette misérable Agathe!.... Ah, pourquoi ai - je écrit, pourquoi ai-je écrit!....

N'ayant plus personne chez lui, Adalbert alla dîner chez un traiteur. Là, tous les étrangers qu'il vit l'effrayèrent. Il lui semblait que déjà tout le monde lisait dans son ame, l'accusait d'avoir perdu l'innocent, causé la mort de Berny.

Adalbert resta huit jours dans cet état, tremblant d'être trahi par ses complices dont il n'avait plus de nouvelles.

Enfin il reçut un billet, sans signature, mais qu'il reconnut avoir été tracé par la main d'Agathe. Voici ce que contenait cet écrit:

« Pour que vous puissiez remplir
« les conditions exigées et aux-
« quelles on tient plus que jamais,
« on sent qu'il vous faut le tems de
« vous retourner, de trouver ac-

« quéreur pour votre maison. En
« conséquence, on vous accorde un
« mois, pendant lequel on gardera
« le silence. Au bout de ce terme,
« trouvez-vous chez le suisse du
« Pont-Tournant aux Tuileries ;
« vous nous y verrez tous. Acquit-
« tez la somme qu'on demande, si-
« non, dès le lendemain, toutes vos
« trames seront dévoilées ».

Adalbert est enchanté de ce délai qu'on lui offre, et qu'il peut mettre à profit de mille manières. Le desir de se venger lui inspire d'abord l'idée de chercher la demeure d'A-gathe, de la faire arrêter, renfermer pour quelques méfaits qu'elle a commis autrefois et qu'il lui connaît. Mais il sent bientôt que ce moyen pourrait irriter cette fille, si elle se doutait que le coup partît de sa main. Un autre projet lui paraît plus sensé, plus sûr; c'est de profiter de ce mois pour aller sommer M. Tienny d'exécuter les clauses du testament d'Evrard. M. Tienny, n'étant instruit de rien, doit céder, puisque les vingt-un ans de Jules sont accomplis; qu'Adalbert a dans les lettres de ce jeune étourdi mille preuves de sa mauvaise conduite; qu'il peut en réunir d'autres dans les aveux, les lettres aussi des parens, des amis de Jules. Ce projet est le seul auquel Adalbert s'arrête; mais il lui devient impossible de le réaliser. Une fièvre brûlante, suite nécessaire de toutes les inquiétudes de son esprit, vient l'affaiblir, et il tombe assez dangéreusement malade. Il sent alors qu'il n'a plus d'autre moyen que de satisfaire la cupidité des gens qui mettent leur silence au prix de sa fortune. Il vend sa maison, ses rentes, ses meubles, ses effets les plus précieux ; il fait de tout cela une somme de quatre-vingt mille francs, bien éloignée sans doute de celle qu'on lui demande ; et s'en réservant cinq mille seulement pour pouvoir attendre la délivrance du legs, il se rend, se trouvant rétabli, au jour indiqué, chez le suisse du Pont-Tournant.

Il y a, dans la tête des méchans, un esprit de vertige qui, lorsqu'ils se trouvent dans l'embarras, détruit tout-à-coup les calculs les plus fins de leur malignité. Ils mettront toute l'attention, toute la prudence possibles à conduire sourdement une intrigue criminelle ; et lorsqu'ils tremblent d'être découverts, toutes leurs facultés les abandonnent ; ils perdent réellement la tête ? C'est alors qu'ils s'enveloppent plus que jamais dans leurs propres filets. Adalbert en est une preuve. Cet homme si ferme, si dissimulé, si adroit, a maintenant la timidité de la faiblesse ; il se laisse mener comme un enfant.

Il trouve en effet réunis là Agathe, la Dervisse, Faustin et Rosalie. S'il est troublé, ses quatre complices sont plus pâles que lui. Avez-vous la somme, Monsieur, lui demande Agathe ? — Parlez bas, en grace, parlons bas. — Ne craignez rien ; j'ai pris des précautions pour que nous ne soyons point entendus. Dépêchons. — Je suis ruiné, Agathe. J'ai tout vendu, et je ne puis offrir que ces soixante-quinze mille livres, en bons effets de la compagnie des Indes. — Vous en imposez. — Je l'atteste sur mon ame. Plus de biens-fonds, de meubles, j'ai tout fondu ; et je suis maintenant dans un hôtel garni. — Il faut que la récompense qui vous attend soit bien forte pour qu'elle vous coûte de pareils sacrifices. — C'est mon secret, cela ; heureusement que vous ne le savez pas ! Prenez, méchans que vous êtes, et rendez-moi mes lettres, toutes les preuves que j'ai eu la faiblesse de vous donner, dont vous voulez abuser contre moi. — Vous vous moquez! que ferait à chacun de nous cette misérable somme partagée? — Je n'en ai pas davantage. — Il faut en trouver. Adieu ! — Ciel ! Mais c'est un vol, un pillage, un guet-à-pens. Et toi, coquin de Faustin. — Des injures ! sortons ; allons tous à Orange ; instruisons madame Berny, Jules, s'il y est. — Arrêtez. Je vous supplie... Je vous conjure...... Ma tête s'égare..... Voulez-vous me voir à vos pieds !

Adalbert perd presque connaissance, et tombe en effet sur le plancher. On s'empresse de le relever. Mais quelle abjection pour un coupable qui se voit forcé d'embrasser les genoux de ses propres serviteurs !.... Où mène donc le crime !....

Agathe fait un signe à ses camarades, et la somme est acceptée. Adalbert exige en vain qu'on lui indique la retraite de Jules, surtout qu'on lui rende ses lettres. On lui promet le silence, voilà tout;

il faut encore qu'il se contente d'un serment prononcé par des gens en qui il n'a pas la moindre confiance.

On se sépare en s'injuriant, en s'abhorrant; et Adalbert qui, à juste titre, n'est pas sûr de la foi de ses stipendiés, prend soudain la poste pour se rendre en Avignon, chez M. Tienny, où il croit trouver un trésor qu'on n'a nul droit de lui refuser.

Je suis, dit-il à ce notaire, M. Adalbert de Faskilan, le fils adoptif du bonhomme Evrard, qui fut votre client. — Je le sais, Monsieur; j'ai l'honneur de vous reconnaître. — Vous vous rappelez sans doute quelles sont les clauses du testament dont vous êtes dépositaire. Voulez-vous vous donner la peine de le chercher, de le relire ? — Avant tout, Monsieur, quelles sont vos prétentions ? — Vous devez les deviner. Jules a vingt-un ans ; Jules, malgré mes avis paternels, s'est jeté de lui-même, sans impulsion, dans le sentier du vice, du déshonneur. — Il n'est que trop vrai ! — Ah ! vous le savez ; je suis charmé que vous en conveniez. J'ai d'ailleurs mille preuves (*Il déroule une liasse de papiers*). Voilà ses lettres, les dernières sur-tout, où il s'accuse d'être coupable, ingrat envers tout le monde. Voilà sa correspondance avec une certaine femme Détestor, qui peut-être à présent est reprise de justice. Ces autres lettres sont celles de son père, de sa mère, de ses amis, qui l'accusent, le repoussent de leur sein, le regardent enfin comme l'être le plus méprisable.... Voici encore des papiers.... Mais j'ai plus de preuves qu'il n'est nécessaire ; car le testament dit positivement qu'il faut, pour qu'il ait droit à l'héritage de son aïeul, qu'il soit vertueux, soumis à ses parens, qu'il n'ait fait en un mot aucun écart de jeunesse ; sinon, je deviens légataire universel, n'est-il pas vrai ? — Evrard eut en effet ce dessein. — Que vous faut-il de plus pour que vous remplissiez ses intentions ? Je vous apporte l'extrait de baptême de Jules, le mien, bien légalisés, les preuves les plus palpables de l'inconduite du petit-fils d'Evrard. Vous êtes un honnête homme, Monsieur ; faites votre devoir ? — Monsieur, il m'est impossible.... — Hein ! plaît-il ?.... Mes droits ne sont-ils pas clairs, certains ? N'êtes-vous pas dépositaire du testament, de la cassette de feu Evrard Berny ? — Je vous adresserai, Monsieur, la même réponse que j'ai faite, il y a deux mois environ, au père Augely, ce Mathurin, qui.... — Le père Augely, il est donc venu vous voir ? il vous aura dit bien du mal de moi ! Mais ce sont des preuves, des faits qu'il vous faut. Il me suffit d'éclairer votre conscience ; exécuteur testamentaire d'Evrard, vous n'avez pas besoin d'autre chose ? — Mais, pardonnez-moi ; il me faudrait, par exemple, la cassette et le testament dont vous parlez. Oh ! si j'avais cela, je..... — Comment ! que dites-vous ?

Le notaire fait à Adalbert, sur les derniers momens d'Evrard, le même récit qu'il a déjà débité au père Augely. Il lui apprend enfin, au grand étonnement du méchant, qu'Evrard Berny eut tous ces projets, et qu'il mourut avant de les réaliser.

Quel terrible effet produit une pareille nouvelle sur Adalbert! D'abord il attaque sans ménagement la bonne foi du notaire. Vous en imposez, lui dit-il, Monsieur; je vis Evrard, le soir même du jour où il s'enferma avec vous. Il me dit, me répéta positivement que son testament était fait, ce qui s'appelle dressé, signé et déposé chez vous, ainsi que sa cassette aux millions. Il me fit part de toutes les clauses de ce testament; il appuya sur celle qui me concernait, et il exigea, sous serment, que je ne vous visse, que je ne vous en parlasse point, jusqu'à ce que Jules eût atteint l'âge de vingt-un ans, m'assurant qu'alors il me suffirait de me présenter chez vous avec les preuves de l'inconduite du jeune homme. J'ai respecté mon serment; je ne vous ai point importuné, et aujourd'hui vous venez me nier une chose dont je suis sûr, que mon père adoptif me répéta, m'affirma mille fois dans la soirée qui précéda sa mort. Cela est affreux; mais il y a des lois !

M. Tienny eut toutes les peines du monde à calmer Adalbert, à lui persuader qu'il n'avait rien. Le méchant, confondu alors, bien humilié, bien sot de s'être ruiné en pure perte, accusa Asselino d'avoir détourné des richesses qui avaient cent fois frappé ses yeux, et se promit de voir ce serviteur d'E-vrard, de le poursuivre jusque devant les tribunaux.

Furieux, hors de lui, il quitte le notaire, revient à Orange, apprend que la propriété de madame Berny est vendue à M. Delombre, s'informe d'Asselino, découvre enfin que ce vieillard est encore au Paradis, et s'y présente un matin, au moment où Jules et son bon ami viennent de déjeûner ensemble.

X.

O le bon cœur, ô l'excellent cœur que celui de Jules ! le voilà revenu enfin à la vertu.

ADALBERT recule d'étonnement en rencontrant dans cette maison Jules qu'il n'y soupçonnait pas. Vous ici, Jules, dit-il! et qu'y faites-vous? Auriez-vous revu votre mère? vous aurait-elle pardonné? — Monsieur, répond Jules, je n'ai aucun compte à vous rendre là-dessus. — Comment?.... quel ton! — C'est celui qui me convient, Monsieur. — Monsieur! vous ne m'appelez plus votre cher oncle? — Il fut un tems où je crus que vous pouviez mériter ce nom. — Plaît-il ? Il vous convient bien, après vos fautes, de me parler de cette manière ! — Si je n'écoutais que mon juste ressentiment, Monsieur, ce ne serait que les armes à la main que je m'expliquerais avec vous. — Bon !... mais voilà du nouveau ! qu'a-t-il, ce petit insensé ? Est-ce vous, Asselino, qui l'avez aigri contre moi ? Il oublie donc tout ce qu'il m'a écrit, les chagrins qu'il m'a causés ?.... Au surplus, cela s'éclaircira. Un autre motif m'amène, me presse, m'inquiète davantage. Asselino, je veux te parler en particulier. — Volontiers, Monsieur.

Asselino fait signe à Jules de le laisser libre, et le jeune homme sort en lançant au monsieur de Faskilan un regard de menace, d'indignation, qui déconcerte un peu l'hypocrite.

Adalbert, seul avec Asselino, reprend la parole : Il faut, mon cher, lui dit-il vivement, que tu m'expliques un fait bizarre, singulier, qui met toute ma prévoyance en défaut.— Vous êtes bien troublé. — Qui ne le serait pas ? Je viens de chez M. Tienny. — Ah ! ah ! eh bien, que vous a dit ce notaire ? — Il m'a dit, il m'a dit.... ce que tu savais, ce que tu sais mieux que moi, qu'il n'est point dépositaire de la cassette, ni du testament d'Evrard. Il en impose sans doute ; c'est un fripon, n'est-il pas vrai ? — Ce n'est point un fripon, et il n'en impose pas. — Cela n'est pas possible ; quand cet Evrard m'a dit, affirmé, à son lit de mort, qu'il avait remis tout cela à son notaire. — Il n'en a rien fait. — Vraiment, tu es sûr?... — Oh! très-sûr.

Adalbert se mord les lèvres avec une espèce de rage concentrée, et poursuit : En ce cas, Asselino, c'est toi qui es le fripon ; tu as détourné cet héritage. — L'apostrophe est honnête! j'y répondrai avec calme. Sur quel soupçon présumez-vous que je me sois approprié une pareille fortune? — Qu'est-elle devenue, voyons; réponds à cela? N'as-tu pas vu comme moi les riches trésors qu'Evrard a rapportés des colonies? Ils étaient encore chez lui la veille de sa mort. Seulement et quelques heures après qu'il se fût enfermé avec son notaire, toi et un domestique vous vous emparâtes, par son ordre, en ma présence, de la cassette; vous l'enlevâtes de la maison, et à votre retour vous prétendîtes l'avoir portée chez M. Tienny. Aujourd'hui, cet homme nie qu'il l'ait reçue de vos mains. C'est donc toi qui l'as cachée quelque part, qui t'en es emparé? — Je ne l'ai point cachée, je ne m'en suis point emparé. — Cependant après la mort d'Evrard, quand on fit la vente de ses effets, de sa maison, on ne la trouva point. — C'est qu'elle n'y était point. — Ce ton d'ironie me déplaît, je t'en avertis; je ne suis pas d'humeur à le souffrir. — Vous vous calmerez. — Je!... Mais opposons du sang-froid à ce ton insultant, et raisonnons avant de prendre les grands moyens.

Adalbert réprime sa colère; il

continue : Asselino, il faut que cet héritage se retrouve ; car c'est mon bien aujourd'hui ; il m'appartient. — A vous, Monsieur! — Tu fais l'étonné ; il est pourtant possible que tu ignores cela. Par une clause du testament.... — Je sais tout. — Evrard a voulu..... — Il est inutile de me répéter ce que je sais mieux que vous. Mon maître avait la bonté de me confier ses plus secrettes pensées. — Oui ! et pourquoi donc as-tu fait le discret lorsque je t'ai interrogé ici, plusieurs fois, du vivant de Berny ? Je ne te croyais pas si savant. Je m'imaginais être seul dans la confidence du vieux Evrard. Il m'avait assuré enfin que je possédais *seul* son secret. — Bah! Il en disait autant à tout le monde. — Au père Augely peut-être ? — Au père Augely aussi. — Quoi! le mathurin savait cela? — Comme vous et moi. — Je ne m'étonne plus des terreurs, de la haine que ce moine..... Mais pourquoi ne parliez-vous pas? — M. Evrard avait exigé, sous serment, que nous ne divulguerions jamais un mystère par lui confié à trois personnes séparément. — Si tu m'avais prévenu, Asselino, tu m'aurais épargné bien des fautes! Revenons au principal. Définitivement qu'est devenue cette cassette? — D'abord M. Tienny ne l'a point. — Est-ce bien certain? — Je le jure. — Qui la possède donc, toi? — Non : elle est entre les mains d'un autre que moi. — Et cet autre, c'est?..... — C'est.... c'est un homme qui méritait bien, et mieux que nous tous, la confiance de M. Evrard. — Le connais-je ? — Oui..... oh oui, vous le connaissez. — Nomme-le moi. — Je ne le puis. —Voilà qui est plaisant! Tu refuses de me nommer l'homme qui retient ma fortune ? — Votre..... fortune ? — Sans doute. Jules ne s'est-il pas rendu indigne de cet héritage ? — Ah! c'est selon. — Comment !..... le testament ?..... Mais je m'y perds. Ce monsieur Tienny n'a donc pas reçu le testament d'Evrard? — Non. — Quel autre notaire ? — Un particulier plus sûr a été chargé de remplir les intentions de M. Evrard. — Plus sûr? M. Tienny a pourtant une réputation de probité! — Je n'en disconviens pas; mais je le répète, l'autre était encore plus sûr que M. Tienny. —

Quel est-il, enfin ? Il faut que je le voye. — Vous le verrez. — A la bonne heure ; j'ai des droits. — Je n'en doute pas. — Je les ferai valoir. — Vous ferez bien. — Ah! tu deviens raisonnable. Tu conviens donc que l'héritage d'Evrard m'appartient de droit? — Je ne suis pas assez éclairé pour juger cela ; mais puisque vous le dites..... — Il n'y a pas le moindre doute. La clause du testament est remplie, Jules est un mauvais sujet. — Cela est prouvé. — Prouvé ? Tu m'enchantes! certes, cela est prouvé. Le vœu d'Evrard fut que je devinsse son légataire universel, si, à l'âge de vingt-un ans..... — Jules les a. — Jules a fait la honte et le désespoir de sa famille. — Cela n'est que trop vrai. — Tu me charmes, Asselino;

tu me seconderas, tu m'aideras, n'est-il pas vrai? — Si je le puis. — Oh! ton témoignage dans cette affaire sera de quelque poids, et ma reconnaissance.... — Si je la mérite. — Sois sûr que je te récompenserai amplement. Ah çà! tu me conduiras donc chez ce dépositaire? — Très-volontiers. — Où loge-t il? — Ici près, dans ces contrées. — Eh bien! allons-y de ce pas. — Malheureusement, il est absent pour toute la journée. — Quel contretems! — Ecoutez donc, il ne vous attendait pas aujourd'hui. — Tu as raison...... Mais comment sais-tu..... Tu le fréquentes donc, cet homme dont tu ne m'as jamais parlé..... Attends; je réfléchis..... Ne serait-ce pas?.... Oui; c'est sans doute cet inconnu qui s'est plu souvent, à ce que m'a dit Jules, à tourmenter Berny par des lettres anonymes ? — C'est lui-même. — Et tu étais dans sa confidence, Asselino ! et tu me cachais cela, à moi ? C'est mal ; mais je ne t'en voudrai pas si j'obtiens de lui le prix de mes soins. — Vous l'obtiendrez. — Bon serviteur ! Enfin, il n'y aura point de dénégation de la part de celui-ci, n'est-il pas vrai ? La cassette est chez lui ? — Très-certainement la cassette est chez lui. — Je suis au comble de la joie. — Oui, réjouissez-vous ; vous touchez au dénouement.

Si Adalbert avait bien examiné Asselino, il aurait remarqué que toutes ses réponses étaient accompagnées d'un sourire ironique. Mais le plaisir de savoir où trouver l'héritage d'Évrard, l'espoir de toucher bientôt des millions, tout fascinait les yeux du méchant. Cependant il fit une réflexion qui lui rendit ses inquiétudes et sa défiance.

Asselino, dit-il, tu as l'air d'être pour moi dans ce moment-ci, et je t'ai trouvé avec Jules; ces débris prouvent que vous avez dejeûné amicalement ensemble; que faisait-Jules ici? Depuis quand y est-il? Quel motif l'y a amené? — Je vous répondrai franchement sur toutes ces questions. Le hasard a conduit ici hier Jules égaré dans ces campagnes, et cherchant un asile où on lui donnât l'hospitalité. Jules, dans son trouble, n'a reconnu le toît paternel qu'en y entrant. Comme cette maison n'appartient plus à sa mère, et que le nouveau maître que je sers est absent, je n'ai pas dû en

fermer la porte au jeune homme...
— Quel est le nouveau maître de cette propriété ? — Monsieur Delombre. — Je ne le connais pas. Depuis dix-huit ans, voilà la troisième fois que je reviens dans ces contrées, dont les habitans ont dû changer. Mais suivons ; et Jules ? — Jules est repentant, pénétré de remords. Il n'a point vu sa mère ni sa cousine ; il est si triste, tellement affecté, que je n'ai pu lui refuser ces consolations banales qu'on accorde toujours aux infortunés, même aux coupables. — Je te crois, et ce ton de vérité qui marque tes discours, me raccommode avec toi. A présent pourquoi Jules a-t-il l'air de me bouder, de me menacer ? M'a-t-on calomnié, noirci dans son esprit ?.... — Il prétend qu'il a reçu

d'une certaine demoiselle Agathe, une lettre dans laquelle.....

Asselino fixe Adalbert, qui change de couleur; Ah, ah! répond l'hypocrite..... une lettre..... d'Agathe?..... depuis peu? — Oh, non; il y a long-temps, au moment de sa fuite de Montélimart. — Oui!.... Cette Agathe est une misérable avec laquelle il s'est lié, bien malgré moi; car ce jeune homme s'est livré au vice de son propre gré; il l'a voulu malgré mes avis, mes menaces, mon exemple enfin. Les lettres qu'il m'a écrites en fournissent mille preuves. Il aurait bonne grace aujourd'hui à venir m'accuser, m'insulter!...... Quand il se verra dépouillé de son héritage, je lui pardonnerai d'être furieux, de m'en vouloir..... mais

alors je ne le craindrai pas; il y a des lois.— Oui, il y a des lois. Celui qui, par sa faute, aura perdu une fortune aussi considérable, n'aura pas le droit de se plaindre. — Je te trouve maintenant un bon sens que j'admire. Tu n'as pas toujours été comme cela; tu m'en voulais, tu avais l'air de te méfier..... — C'est vrai, j'avais quelques inquiétudes, mais elles sont entièrement dissipées, et j'en rends grace à Dieu. — La conduite du jeune homme t'a éclairé sur son compte et sur le mien ? — Oh! je suis bien éclairé sur tout cela! — Ainsi donc nous ne pouvons pas aller aujourdhui chez ton confident.
— Il ne sera de retour que demain.
— Eh bien, à demain. — Le matin, à l'heure que vous voudrez; je le préviendrai. — C'est à merveille.

N'oublie pas de lui peindre Jules... — Comme il le mérite. — Jules le connait-il ? — Non. — Fort bien. Il ignore toujours le testament, la cassette ?.... — Qui le lui aurait dit ? N'avais-je pas promis à M. Evrard de me taire ? — Le père Augely a pu... parler ? — Jules ne sait rien, vous dis-je. — Tout s'arrange donc très-bien pour mon bonheur ? A demain, Asselino ; et deux cents louis pour toi. — Vous ne restez pas ici ? — Avec Jules ? Au point où j'en suis, je le dois éviter. Je vais passer le reste du jour et la nuit à la Pommeraye, chez Forville. C'est encore une tête légère, celle-là ! mais je pardonne à tout le monde si je réussis ; adieu mon bon, mon excellent ami.

Adalbert, rayonnant de joie, s'esquive à petits pas, et Asselino, qui s'est moqué de lui tout à son aise, va rejoindre Jules au jardin. Il le trouve agenouillé de nouveau au pied du tombeau de son père, lui adressant les prières les plus ferventes. O le bon cœur, s'écrie de loin Asselino ! ô l'excellent cœur que celui de Jules ! le voilà revenu enfin à la vertu !

Cette exclamation tire Jules de sa rêverie. Eh bien, dit-il, Adalbert, que voulait-il ? — Vous le saurez, mais dans un autre moment. Cet homme a un caractère atroce ! — Je ne sais ce qu'il m'a fait, et néanmoins sa vue m'a inspiré une espèce d'horreur. — Il vous a perdu, Jules. — Lui ? — C'est ce méchant homme qui vous a poussé dans le précipice où vous êtes tombé. — Mais comment, pour quelle raison? — Vous apprendrez tout cela demain; jusque-là, il m'est ordonné de garder le silence. Jules! il va luire enfin pour vous, le jour de la félicité! Demain, le crime sera démasqué, et vous jouirez alors de la vue de quelqu'un.... qui vous est bien attaché. — Le vieillard de cette nuit? Il me l'a promis. Sans soupçonner qui ce peut être, j'attends avec résignation, calme et patience, qu'il veuille bien se dévoiler à mes regards. Mais Adalbert! je ne puis comprendre.... — Adalbert verra aussi demain cet inconnu. — Comment? — Ils ont une affaire.... majeure à terminer ensemble. — En grace, explique-toi? — Contentez-vous de ce qu'il m'est permis de vous dire.

Adalbert viendra me prendre, le matin, pour que je le conduise chez.... l'étranger, qui demeure à une lieue et demie d'ici, au château de Valrose ; vous le connaissez, le château de Valrose ? — J'ai passé devant cent fois. On dit qu'il appartient à ce monsieur Delombre, que je n'ai jamais vu. Un trait de lumière ! Le vieillard m'a déguisé la vérité, cette nuit, quand il m'a dit qu'il n'était pas M. Delombre. C'est lui, puisque M. Delombre est propriétaire de Valrose, de ceci, et que tu me dis.... — Le vieillard que nous allons retrouver demain n'est point M. Delombre ; il ne vous en a point imposé, cette nuit. — Me voilà retombé dans les ténèbres. — Elles s'éclairciront ; vous y viendrez aussi. — J'irai à Valrose ? avec Adalbert et toi ? — Non ; il ne faut pas qu'Adalbert se doute que votre présence y soit nécessaire. Quand il arrivera ici, vous vous éloignerez de sa vue. Nous monterons, lui et moi, dans une calèche couverte, et, au même instant, vous nous suivrez de loin à cheval. — Tant de mystères.... — Sont indispensables. Si j'obéis aux ordres qui me sont donnés, veuillez suivre mes conseils, et vous laisser conduire.... pour votre bonheur. —Allons, fais de moi tout ce que tu veux; je te suis aveuglément soumis. Et ma mère, Asselino ! et ma chère Aloyse ? tu ne m'en parles pas ! — Qui sait ? le pardon peut devenir général. — Jamais ! — Confiance, espoir, et tout ira bien.

Le lendemain matin, Adalbert fut de parole, et se présenta à huit heures précises au Paradis. Jules, suivant l'avis d'Asselino, ne parut point à ses yeux. Adalbert en demanda des nouvelles; Asselino lui répondit qu'il était parti. Adalbert, enivré du succès qu'il espérait, ne s'inquiéta pas davantage du jeune homme; il déposa sa liasse de papiers dans la voiture, qui fut bientôt prête à le recevoir. Il y monta avec Asselino; Jules les suivit derrière, et ils arrivèrent au magnifique château de Valrose, où tous trois étaient attendus pour des motifs différens.

XI.

Combien souvent on a tort, à quelle suite de maux l'on s'expose, quand on introduit un enfant d'adoption, un étranger, au sein d'une famille !

ADALBERT et son conducteur entrent dans un vaste vestibule, où un domestique à livrée prend leurs noms, et disparaît en disant qu'il va les annoncer. On les fait pénétrer ensuite dans un superbe salon, qu'échauffe un feu ardent. Adalbert reste bien surpris de voir Jules qu'on a introduit là par un autre chemin. Jules se tient très-éloigné de lui, et n'a pas l'air de le remarquer. Qu'est-ce que cela signifie, demande Adalbert tout bas à Asselino; Jules avec nous? — Apparemment qu'on l'a mandé. — Pourquoi ? — Nous le saurons. — Tu le disais parti; y a-t-il ici de la trahison ? — Qu'avez-vous à craindre ?

Soudain une porte s'ouvre, et l'on voit entrer le seigneur du château, richement habillé, suivi d'un domestique qui porte un carton. Par une bizarrerie qui semble inexplicable, ce seigneur a la figure couverte d'une espèce de masque de velours noir qui cache ses traits. Il s'avance gravement sans dire un mot, et s'asseoit devant un secrétaire, sur lequel on dépose son carton.

Pour accroître la surprise d'Adalbert, un domestique annonce madame *Berny*.

Et madame Berny paraît avec sa nièce Aloyse. Toutes deux, en grand deuil, un mouchoir trempé de larmes à la main, se précipitent aux genoux du seigneur. Madame Berny s'écrie : Ah ! Monsieur ! ah ! mon père !....

Jules, saisi d'effroi, pénétré de douleur, tombe sur un siége, où il cherche à cacher sa figure. Adalbert fronce le sourcil, prévoyant pour lui quelque aventure désagréable. Le seigneur dit à haute voix à ses laquais : Qu'on garde la porte d'entrée, et que personne ne sorte d'ici sans ma permission.

Les domestiques exécutent cet ordre, qui glace Adalbert de terreur.

Le seigneur alors tend à madame Berny une main qu'elle couvre de baisers; de l'autre main, il détache son masque; puis regardant fixement Adalbert, il lui dit avec un accent foudroyant : Monstre, me reconnais-tu ? — Que vois-je, s'écrie Adalbert!.... Cette voix.... Ces traits.... est-ce un songe?... est-ce un spectre échappé de sa tombe?.... Evrard Berny ! — Lui-même.

La foudre vient d'écraser ce misérable ; il reste anéanti.

Oui, poursuit le vieillard ; oui, c'est Evrard Berny, que tu crus mort, dont l'Etre suprême a daigné prolonger la vieillesse, pour te punir de tes crimes, malheureux, et pour consoler l'innocence.

Il dit ces derniers mots en relevant avec bonté madame Berny et sa nièce, qu'il fait asseoir près de lui. Viens, Jules, continue Evrard, en ouvrant ses bras au jeune homme, viens recevoir ton pardon, et jouir des embrassemens de ton aïeul, de ta mère, de ta bien-aimée!

Jules, ému, étourdi d'un événement si inattendu, recouvre ses forces, son énergie, pour voler dans les bras qu'il voit étendus vers lui. Ceux de sa mère ont d'abord la préférence. Elle paraît avoir tout oublié, cette tendre mère; elle presse son fils contre son cœur, elle lui prodigue mille caresses. Son grand-père en jouit à son tour; Aloyse passe ses bras autour du cou de son ami; tous trois le serrent étroitement, et ce groupe forme un tableau touchant que ma plume trop faible ne peut tracer....

Asselino regarde avec un air de

triomphe, le méchant Adalbert qui, d'abord confondu, veut prendre ensuite le parti de la retraite. Les domestiques s'y opposent. Que veut-on de moi, dit-il avec rage; prétend-on me faire violence ? — On prétend t'humilier comme tu le mérites, répond Evrard. Il faut que je t'accable des preuves que j'ai recueillies de l'indignité de ta conduite, et, pour cela, il me manque encore des amis.

De nouveaux acteurs entrent en scène. Ce sont le révérend père Augely, madame la marquise d'Arancourt, Rose, sa fidèle compagne, et le bon Jacques Niquet, qui, sautant de joie, court à Jules, en disant : Où est-il, où est-il mon jeune maître ? Et moi aussi, j'étais du complot.

Tandis que la marquise, le père Augely, embrassent Jules, madame Berny, et remercient Evrard des bienfaits que sa présence répand sur tout le monde, Evrard s'adresse de nouveau à Adalbert : Tu rougis, misérable! Il n'y a pas encore assez d'yeux ici pour jouir de ta honte, de ta confusion ! Voilà donc celui que j'adoptai pour mon fils, qui me fit maudire, déshériter le mien ! Pardon, ma chère Aura, si je rouvre vos blessures! mais je dois avant de les fermer à jamais, répandre le plus grand jour sur les trames perfides de cet hypocrite. Elles prouveront combien souvent on a tort, à quelle suite de maux on s'expose, quand on introduit un enfant d'adoption, un étranger, au sein d'une famille. Cet étranger vous flatte, cherche à capter toute votre affection; ne tend qu'à nuire à vos enfans légitimes, à vous éloigner d'eux, et par la suite enfin, à leur enlever leur héritage. C'est ce qui m'est arrivé! Vieillard imprudent, trop facile, à quoi m'ont servi l'âge et l'expérience. Je me suis laissé mener comme un enfant par cet ingrat à qui je tenais lieu de père, et c'est ainsi qu'il m'en a récompensé.

Adalbert rompt le silence : Je ne conçois pas, Monsieur, dit-il à Evrard, comment je souffre toutes vos injures. Qu'avez vous à me reprocher ? — Ce que j'ai.... — Oui, quels sont mes griefs, pour vous autoriser à faire tant de bruit? — Je vais te les apprendre, homme impérieux et sans foi. Il n'y a pas long-tems que je les connais, tes griefs ; il n'y a pas un mois que je te défendais encore, que je m'obstinais à garder sur mes yeux le voile épais de la confiance que je t'avais vouée. J'ai tout découvert enfin, grace à ce fidèle Asselino, qui a joué, dans tout cela, le rôle le plus noble, le plus sublime, le plus touchant !.... — Perfide, s'écrie Adalbert en fixant Asselino ! — Un moment, répond celui-ci en souriant avec ironie, un moment, Monsieur de Faskilan, vous ne connaissez pas encore tous mes forfaits. — Asselino, reprend Evrard, fut le seul homme de tous ceux qui m'entouraient lors de ma mort prétendue, qui sût que j'existasse. Oh que j'avais d'injustices à réparer ! viens, excellent serviteur, viens jouir de la reconnaissance de ton maître, de celle de tous les heureux que tu as faits.

Asselino, tout en pleurs, passe successivement dans les bras de nos amis. Adalbert, que cette scène irrite, demande de nouveau la permission de se retirer. Evrard ordonne qu'on le retienne, et la rage du méchant est à son comble. Qu'il reste-là, poursuit Evrard; qu'il entende le récit que je vais faire, que je dois à ma bru, à mon petit-fils, à tous ceux qui sans doute sont étonnés de la bizarrerie de ma conduite. Il faut que je l'explique, que j'en donne les motifs, que je détaille enfin les moyens que j'ai pris pour rester si long-tems inconnu. Ce récit sera court, puisque chacun de vous sait déjà une partie de mes aventures; et, quand elle aura apprécié mes raisons, ma chère fille

Aura me pardonnera peut-être les chagrins que je lui ai causés. — Vous les réparez tous, ô mon père, répond madame Berny ! — Non, ma fille, non. Une soif de vengeance continuelle et condamnable, m'a fait me déchaîner contre ton mariage ; une injuste prévention m'a porté à maudire ton époux ; il n'a pu supporter le poids de cette malédiction terrible, et il en est mort de douleur.... Car je te le dis, Jules, pour le repos de ta conscience, il ne faut pas que tu t'accuses de la mort de ton père. Depuis long-tems il souffrait ; depuis long-tems son tempérament était altéré par le chagrin, et s'il a gémi d'apprendre tes erreurs au moment de rendre le dernier soupir, ce n'est point cette nouvelle qui l'a tué. Les médecins ont dit ensuite qu'il n'avait pas alors vingt-quatre heures à vivre. C'est moi, c'est moi seul qui fus son assassin. O regrets ! O malheurs qu'il faut réparer! J'ai quatre-vingt-six ans, mes enfans ; je n'ai pas de tems à perdre si je veux employer mes derniers jours à combler votre félicité à tous!....

Chacun admire la noblesse de la taille, les traits réguliers, les yeux vifs, pleins de feu, la tête enfin, le sens et la raison que possède encore M. Evrard dans un âge aussi avancé. Jules sur-tout, qui reconnaît en lui, malgré le déguisement qu'il avait pris, le vieux mendiant du cimetière de Saint-Cyprien, Jules examine avec respect ses traits vénérables, et lui trouvant beaucoup de ressemblance avec son père, il s'étonne de n'avoir pas plutôt pénétré ce mystère.

Quand les premiers momens d'effusions paternelles et filiales furent passés, Evrard fit asseoir ses amis, excepté Adalbert, qui resta debout, entouré des domestiques et guetté par eux comme un criminel. Evrard prit alors la parole pour faire le récit suivant, dans lequel il fit entrer des détails, connus de quelques-uns des assistans, mais entièrement neufs pour Adalbert et Jules.

XII.

> Allez, misérable Adalbert. Vous êtes libre maintenant. Sortez, et ne souillez pas plus long-tems l'air pur que nous respirons ici!...

« Je dois faire avant tout, l'aveu des défauts que je me connais. Né vif, ardent, entreprenant, le premier, le plus grand de ces défauts est un caractère romanesque, ami du merveilleux, de tout ce qui est surnaturel ; caractère que j'ai pris sans doute dans la lecture des romans invraisemblables, dont ma mère a bourré ma tête dès mon plus jeune âge. Une action d'une marche simple n'a jamais été de mon goût ; mais j'ai toujours été ravi lorsqu'il m'a fallu prendre bien des détours pour arriver à un but quelconque. Je me suis plu souvent à les faire naître ces détours, à les compliquer; et je n'aurais pas été content de réussir, si je n'eusse éprouvé mille obstacles avant le succès. C'est sans doute un genre de folie, que je ne m'avouais pas autrefois, mais que l'âge et l'expérience m'ont fait enfin apprécier à sa juste valeur. J'en rougis aujourd'hui, je fais plus; j'en conserve un regret mortel, puisqu'elle a été la source de tous mes chagrins et des vôtres.

« Avant de partir pour les îles, si, par une réticence que je ne conçois pas, je n'avais point caché à Berny le nom de mon mortel ennemi; si je lui eusse appris que l'officier qui m'avait fait dégrader, s'appelait Duverceil, il n'eût point épousé sa fille, et je ne l'eusse point déshérité. Curieux ensuite de savoir la conduite que mon fils a tenue en France pendant mon absence de 14 ans, je me propose de lui cacher que j'ai fait fortune. Le père Augely, Adalbert que j'avais adopté pour mon second fils, et Asselino lui-même savaient que je rapportais des richesses immenses. Je leur défends d'en parler; j'arrive; j'apprends l'étourderie de mon fils, qui devient à mes yeux un crime affreux, et je leur ordonne plus que jamais à tous le silence.

« Tandis que je m'attachais de plus en plus à Adalbert, qui me flattait, dans l'espoir, je le vois à présent, de devenir mon seul héritier, ma haine augmentait en proportion pour mon fils ; mais il avait deux puissans défenseurs auprès de moi, ce vénérable religieux et Asselino. Asselino, le père Augely connaissaient mieux que moi la fausseté, l'hypocrisie du jeune Adalbert que je croyais rempli de vertus, de qualités précieuses, de tendresse pour moi. Ils ne m'en disaient point de mal ; mais ils défendaient Berny de tout leur pouvoir. Voyant qu'il leur était impossible de me ramener sur son compte, ils cherchèrent à m'apitoyer d'une autre manière. Il a un fils, me disaient-ils cent fois ; ferez-vous donc retomber sur la tête d'un innocent au berceau tout le poids d'une colère qu'aura méritée son père ! — Son fils lui ressemblera, m'écriais-je, je les abandonne tous deux.

« Ce fut un an après mon retour en France, pendant une maladie assez longue et très-douloureuse qui me survint, que le religieux et mon valet-de-chambre me reparlèrent encore du fils de leur protégé. Alors ils ne ménagèrent plus Adalbert ; ils me le peignirent tel qu'ils le jugeaient, et commencèrent à ébranler la confiance que m'inspirait ce fils adoptif. Dans le silence de mes insomnies, je me disais : Ont-ils raison, ont-ils tort ? D'un côté, Adalbert mérite-t-il l'excès de mon affection; de l'autre, dois-je punir le petit Jules des fautes de son père ?... Toujours attaqué sous ces deux rapports par les fidèles amis de Berny, je formai enfin un projet d'épreuve, que je soumis au jugement d'Asselino seul. Je connaissais l'attachement inviolable de ce modèle des serviteurs pour ma personne. La religion des sermens était sacrée pour lui. J'en exigeai un de sa part, et je lui dis: Je t'ai défendu, Asselino, de me parler jamais de Berny, et je suis inexorable pour cet ingrat; mais, je te l'avoue, toi et mon digne confesseur, vous m'avez presque attendri pour son fils. Ce petit Jules, un enfant de trois ou quatre ans, ne m'a point fait de mal jusqu'à présent. Eprouvons-le, éprouvons Adalbert, dont vous dites continuellement tant de mal, qui me plaît, qui me convient à moi mieux que tous les enfans du monde. Je consens donc à une épreuve; mais elle est si délicate, si longue dans son exécution, que j'ai besoin de toi.

« Je lui donnai les détails de mon projet, qu'il voulut combattre d'abord; mais, connaissant mon caractère ferme, décidé, il l'approuva. Chaque loi que je lui imposai fut scellée d'un serment de sa part, sur-tout celle de ne jamais avertir mes jeunes gens des dangers qu'ils pourraient courir, à mesure que l'épreuve avancerait. Tout étant convenu entre nous, je dressai mes batteries en conséquence.

« D'abord je fis venir M. Tienny, mon notaire. Je lui dictai un testament que je déchirai ensuite, le priant de revenir le lendemain, et de ne parler à personne de notre entretien; puis, causant seul avec Adalbert; je lui dis : Vous avez vu sortir le notaire tout-à-l'heure ?

— Oui, mon père (c'était le nom que le traître me donnait). — Je viens de faire mon testament ; j'ai travaillé pour vous.

« Je mande Asselino et continue : Vous voyez tous deux ce coffre ? Il contient les trois millions, les pierreries que vous connaissez ; Asselino, fais-toi aider par quelqu'un, et porte ce trésor chez M. Tienny, mon notaire ; il en sera dépositaire, ainsi que de mon testament.

« Asselino semble exécuter cet ordre ; mais c'est ici même, dans ce château que je venais d'acheter à l'insu de tout le monde, qu'Asselino cache mon trésor. Adalbert, pendant ce tems, cherche à me pénétrer. J'avoue à présent que ses questions sur mon testament me parurent alors indiscrettes, peu délicates, et me fortifièrent dans le dessein de l'éprouver. Je satisfis ainsi sa curiosité. Je suis père, mon cher ami, et ce n'est pas Berny que je regrette ; il n'aura jamais rien de ma fortune ; mais son fils ! dois-je l'abandonner ? Or voici les clauses du testament que j'ai signé. M. Tienny est mon dépositaire jusqu'à ce que mon petit-fils ait atteint l'âge de vingt-un ans. Si Jules est honnête homme, il est juste, de droit, dans la nature, qu'il devienne mon héritier. S'il n'est pas vertueux, s'il fait des fautes graves, authentiquement prouvées, s'il cause sur-tout des chagrins à ses parens, j'insiste sur ce point qui est à mes yeux le plus essentiel ; sur des écrits qui affirment sa mauvaise conduite, même sur la simple preuve testimoniale, M. Tienny est autorisé à vous remettre la cassette; à vous constituer mon légataire universel. En attendant, je vous donne, pour exister modestement, la même somme que j'ai remise à Berny pour sa légitime, j'y joindrai même bientôt un autre cadeau. Que dites-vous de cet arrangement ? — Mon père, il me paraît... — Jurez-moi sur l'honneur que vous ne parlerez à personne, moins à Berny qui l'ignore, du secret que je vous confie, ni du dépôt de M. Tienny ? Vous seul êtes et devez être seul dans ce secret, puisqu'à l'insu de Jules, à l'époque convenue, vous irez vous présenter chez ce notaire, qui vous enrichira ou vous refusera, suivant qu'il aura observé de loin la conduite de Jules. Je défends aussi à votre amitié pour Jules de lui donner jamais le moindre avis relatif à sa manière de se conduire. Je veux que la seule impulsion de la nature décide de ses qualités ou de ses vices. Votre parole?

« Il me la donna.

« Le soir, feignant que mon mal augmentait, quoique je me portasse beaucoup mieux, je demandai à me confesser au père Augely. Je lui confiai les clauses du faux testament et le prétendu dépôt. Il employa les préceptes de la religion pour combattre mon projet ; je lui dis que cela était fait, qu'il n'y avait plus à revenir là-dessus. Et en quoi suis-je coupable aux yeux de Dieu? ajoutai-je? Vous m'avez intéressé pour un enfant que je détestais. S'il est honnête homme, je remplis les devoirs d'un chrétien, d'un bon père. S'il ne l'est pas, pourquoi voulez-vous qu'il jouisse d'une fortune qui est bien à moi, puisqu'elle est acquise par moi seul? Au surplus, je n'en démordrai pas, dussiez-vous me refuser l'absolution. — Adalbert sait-il cela? — Il le sait sous le secret. — Si, par la suite, il abuse de cette étrange loi pour contrefaire des papiers, pour surprendre la religion de votre dépositaire? — Lui! ah! — Il en est capable. — Alors vous seriez là, mon ami; vous guideriez M. Tienny. C'est dans l'espoir que vous tiendrez ma place auprès du jeune Jules, que je vous mets dans ma confidence.

« Il me fit encore une foule d'objections; je persistai. Pour l'éloigner de tout soupçon de la ruse que j'allais employer, je l'assurai qu'il était seul avec Adalbert et mon notaire, dans ce secret ignoré en partie d'Asselino, complètement de tout le reste. J'exigeai qu'il n'en parlât à personne, jamais sur-tout à Berny, à sa femme, à Jules. Il me le promit, et se retira presque scandalisé de ce qu'il nommait mon acte d'extravagance.

« J'avais vu Berny, Aura, tout le monde dans la journée ; à minuit, je feignis un court évanouissement dans les bras d'Adalbert qui me soutenait ; puis je demandai à passer la nuit seul avec Asselino.

« J'habitais alors une maisonnette de peu de valeur, que j'avais achetée à mon retour en Provence, près du bois qui borde le château d'Arancourt. A deux pas de moi était une chaumière qui renfermait un ménage assez hargneux. La femme était vieille et méchante ; le mari ne valait guères mieux. Ces gens s'étaient battus, et la femme avait, le matin même, tué tout bonnement son mari à coups de bûche, crime qui n'était connu que d'Asselino et de moi. Ce fut cet événement, dont il me parut facile de profiter, qui me fit choisir ce jour pour mon dernier jour ; car j'étais libre, comme vous allez le voir, de mourir plus tôt ou plus tard. Asselino avait été trouver la femme qui se désolait : Malheureuse, lui avait-il dit, vous êtes perdue si vous ne faites pas ce que je vais exiger de vous. Mon maître et moi, nous pourrions servir de témoins du meurtre que vous avez commis ; il est un moyen de le couvrir à jamais de l'ombre la plus épaisse. Acceptez ces cent louis, et livrez-moi, cette nuit, le corps de votre mari, dont j'ai besoin pour disséquer. Vous publierez qu'il s'est noyé; vous quitterez la contrée, et me céderez votre masure, qui ne vaut pas cent écus.

« La femme consentit à cet arrangement, et promit un silence auquel elle était intéressée. Elle eut la fermeté d'apporter elle-même, à deux heures du matin, sur son dos, le défunt, que nous fîmes entrer par une porte ignorée. Cet homme avait justement ma taille, ma corpulence. Nous nous hâtâmes de l'ensevelir dans un grand drap bien cousu, et il prit ma place dans mon lit.

« La veuve de cet infortuné quitta en effet le pays, en accréditant la fable que son mari s'était noyé; et j'appris depuis qu'elle était morte, en emportant au tombeau son secret et le mien. Suivons ce qui me regarde.

« Ce changement fait, je quittai secrètement la maison, et je me rendis ici, où je me tins bien caché. Le lendemain, Asselino, remplissant l'air de ses cris, publia que j'étais mort dans la nuit; et tout le monde crut ce serviteur, qu'on estimait généralement. Adalbert, Berny, sa femme, le père Augely vinrent s'agenouiller aux pieds de mon remplaçant, et, pénétrés de regrets, ils lui firent faire, sous mon nom, un service décent à l'église d'Arancourt, où j'avais désiré être enterré. Je dis que j'avais désiré; car on trouva, dans un tiroir, un véritable testament de ma main, où ce vœu était formé. J'y laissais ma maisonnette, mes effets, mon héritage ostensible à Adalbert, et toutes ces intentions furent remplies exactement. Mon suppléant donc fut inhumé dans le cimetière d'Arancourt, suivi, pleuré par mes enfans, mes amis et Asselino lui-même, qui joua parfaitement son rôle.

« Adalbert vendit la maisonnette, les effets, et alla se fixer à Paris. Quant à Berny, j'appris avec quelque satisfaction, qu'il avait fait élever, dans son jardin du Paradis, un tombeau à ma mémoire. Rappelle-toi, Jules, Asselino me l'a assuré, que jamais ton père, ta mère, personne, ne t'ont affirmé positivement que les restes d'Evrard étaient déposés dans ce monument. On disait simplement *le tombeau d'Evrard*, voulant faire entendre *consacré aux mânes d'Evrard*. Si tu en eusses fait la question, on t'eût répondu, ainsi qu'on le croyait, que cet Evrard avait été enterré à Arancourt. Passons.

« M. Delombre était mon ami intime. Il avait acheté le marquisat de Valrose. Il fut aussi dans ma confidence, et me cacha soigneusement chez lui, où, déguisé, portant une longue barbe postiche, fuyant tous les regards, je passai douze années entières sans en sortir. Je me trompe : je sortis une fois, et voici à quelle occasion. L'intendant de la province est le beau-frère de M. Delombre. J'osai me confier à cet intendant, homme d'honneur, pour faire relever le faux qui avait été commis sur le registre des actes mortuaires de la paroisse d'Arancourt. Je ne craignais rien, la femme de mon remplaçant était morte. Il suffisait que cette erreur fut réparée en secret. Je ne sais comment cela se fit ; avec de l'argent, du crédit, des hommes puissans, on réussit à tout. Les noms du bûcheron, enterré à ma place, furent substitués aux miens, et tout cela dans le mystère, sans faire de bruit ni d'éclat. Les moyens qu'on employa sont étrangers à mon sujet ; j'y reviens.

Asselino, qui me visitait souvent, me vantait la douceur, le bon naturel de Jules sorti du collége. La manie de bien filer mon roman me porta à faire écrire des lettres anonymes. (J'employais la plume de mon ami Delombre, pour qu'on ne reconnût pas la mienne.), à voir Jules, que je trouvai charmant, à pénétrer jusque dans les jardins du Paradis, à commettre enfin mille inconséquences capables de compromettre Asselino, qui s'était placé à dessein chez mon fils. Ce bon garçon résistait en vain à mes volontés; je le mettais ainsi souvent en opposition avec son devoir chez son maître, et le secret que j'exigeais de lui. Il me rapporta que cela le faisait quelquefois gronder, et je me promis de ne plus l'y exposer.

J'avais toujours une confiance aveugle en Adalbert. Je vis avec joie qu'il se chargeait de donner un état à Jules. Asselino eut beau me témoigner ses craintes, les intérêts d'Adalbert étant contraires à ceux de Jules; je ne l'écoutai point. Il me dit encore tout le mal possible de mon fils adoptif, il ne me persuada pas. Ce fut bien pis, quand le bruit des fautes du jeune homme parvint jusqu'à moi : peu s'en fallut que je n'allasse moi-même à Paris enrichir tout-à-coup Adalbert. Asselino me retint. Que de peines, que de soins il s'est donné, ce pauvre Asselino ! Pendant la maladie de son maître, combien ne m'a-t-il pas persécuté pour que j'allasse embrasser mon fils mourant, et lui rendre toute ma tendresse ! Il m'y avait presque déterminé. Déjà j'avais fait écrire à Berny, qu'il serait possible que je volasse dans ses bras. Il mourut trop vîte. Le lendemain, il m'aurait vu.

« Ce même fidèle serviteur m'intéressa de nouveau en faveur de Jules repentant. Asselino me promit des preuves de la perfidie d'Adalbert; et, cédant malgré moi à ses instances, je dépêchai M. Delombre à Paris, chargé de sommes d'argent et de mes pleins pouvoirs. Agathe, repentante aussi de sa complicité avec cet homme affreux, avait écrit à Asselino, dont Jules lui avait parlé; elle lui apprenait la fuite de Jules de Montelimart, la route qu'il prenait. Elle brûlait, ajoutait-elle, d'obliger une honnête famille, en lui dévoilant les noirceurs d'Adalbert. Je consentis à ce qu'on envoyât un guide sûr à notre fugitif, et nous choisîmes Jacques Niquet. Ce bon garçon, muni de ses instructions, battit plusieurs fois la route et les chemins de traverse qui mènent à Saint-Andiol, et découvrit enfin Jules blessé dans la maison de M. Ledoux. Jacques lui fit mille mensonges sur le prétendu hasard qui les réunissait, sur madame d'Arancourt, qu'il dit être ruinée, en voyage, etc. Enfin j'appris les remords de Jules, et touché de ses regrets, j'allai habiter le château voisin de son asile, qui appartenait à un de mes amis. Là, je vis Jules sans qu'il me remarquât. Je le suivis à la chapelle des Champs, où, caché tout simplement dans l'autel vermoulu, je lui parlai plusieurs fois à l'aide d'une espèce de porte-voix, qui renvoyait le son de ma voix à l'extérieur, par un trou pratiqué au mur. Là enfin, je fus témoin de ses belles actions, de ses regrets, de ses larmes amères, et je concertai avec Jacques les moyens de le ramener au Paradis, qui m'appartient; car M. Delombre ne l'avait acheté que pour moi. Il me fit, dans les vingt-quatre heures, sa déclaration de command. La même opération s'est faite pour cette belle terre de Valrose, dont je suis le seigneur, Delombre n'étant que mon prête-nom; c'est vous dire assez que M. Tienny m'a paru digne par la suite d'être mis dans ma confidence, de garder mon secret; ce qu'il a fait religieusement, ainsi que Delombre. Cet ami revint de Paris avant-hier, en apportant tout ce que je désirais ; et c'est ici, Adalbert, que j'ai de quoi vous confondre.

« Dennecy, mis en prison à Paris, à qui j'ai fait rembourser les six mille francs du billet de Jules, n'a dû sa grace qu'au détail des relations qu'il a eues avec vous. J'ai là sa déclaration. Voici celles d'Agathe, de la Dervisse, de votre domestique Faustin, que le repentir en partie, et mon argent sur-tout, ont fait parler. Voilà vos lettres à la Dervisse, à Agathe, celle surtout où vous lui ordonnez de faire arrêter Jules.... »

Jules interrompt en s'écriant : ô Dieu !

Evrard lui impose silence, et continue : « Madame d'Arancourt, ici présente, a eu la bonté pour nous de faire parler aussi la Détestor, en prison par ses ordres. Voilà votre correspondance depuis dix ans, avec cette femme scélérate, dont madame d'Arancourt a adouci le sort en faveur de ses aveux.

« Il résulte de ces correspondances, de ces déclarations de vos complices, que, méchamment et pour pousser Jules au vice, vous lui avez fait connaître vos maîtresses, oui, vos propres maîtresses, homme de de bien ! les courtisanes les plus viles !...; que vos gens vous aidaient; que vous vous réjouissiez à chaque pas que l'imprudent jeune homme faisait vers l'abîme où vous le poussiez; que vous avez voulu attenter à sa liberté, rendre éclatant son déshonneur; que vous avez été enfin l'instigateur de ses pas-

sions, l'auteur de ses fautes.... Vous aviez cru enchaîner le silence de vos complices, en vous ruinant pour les payer ; ils avaient parlé d'avance : ils ont reçu des deux mains. Cela ne doit pas vous étonner de la part de ces ames aussi basses que la vôtre. Toutes vos démarches, toutes vos plus secrettes pensées, depuis l'installation de Jules dans votre maison jusqu'à sa sortie, sont tracées là, dans ces papiers, écrites ou dictées par les propres témoins de vos actions. Etes-vous assez confondu ?.....
Quant à moi, l'horreur que votre odieuse conduite m'inspira me fit désirer de voir, d'embrasser madame Berny, à qui Asselino raconta tout cela, hier, en lui révélant le secret de mon existence, en

la suppliant de se rendre ce matin chez moi, et de pardonner à Jules, comme nous lui pardonnons tous. Le père Augely apprit tous ces secrets en même tems qu'Aura. La voilà, cette chère madame Berny ; nous voilà réunis, nous sommes tous heureux !... Allez, misérable Adalbert, vous êtes libre maintenant; sortez, et ne souillez pas plus long-tems l'air pur que nous respirons ici. Vous êtes assez puni, ne possédant plus rien que notre haine à tous et ma malédiction ! »

Adalbert, au comble du désespoir, disparut soudain sans répliquer un mot.

CONCLUSION.

Jules, voilà ton épouse !

Jules était outré d'indignation contre ce méchant homme; son aïeul le calma, le ramena au seul sentiment du mépris éternel que ce faux ami devait inspirer. Maintenant, mon cher Jules, ajouta Evrard, je te dois le bonheur, ainsi qu'à ta mère. Me pardonnerez-vous tous mon caractère bizarre, mon excès de confiance en un étranger qui vous fit tant de torts dans mon esprit ?

Ah, mon père ! fut le cri général. — Eh bien, Jules, je te donne ce marquisat, la cassette, les pierreries que convoitait depuis si longtemps ce vil monsieur de Faskilan; mais à une condition, c'est que tu me logeras. — En doutez-vous, mon père, et ne serez vous pas toujours chez vous ? — Je rends le Paradis à madame Berny, qui sera libre d'habiter avec nous tous ici. Ah! que ne puis-je de même rendre la vie à ton malheureux père! — Hélas ! — Nous aurons soin des vieux jours du bon oncle Dabin; nous comblerons de bienfaits Asselino, la fidèle mademoiselle Prudence; madame d'Arancourt se charge du bonheur de mon agent, Jacques Niquet, de sa femme, et.... Mais, Jules, je vois dans tes yeux..... Tu n'es pas complètement satisfait? Ah! je sais, je devine....

Ta mère y consent, et ta cousine aussi.... Venez, belle Aloyse, quand nous pardonnons, vous devez imiter notre indulgence. Jules, voilà ton épouse !

Jules était trop agité, trop étourdi de tant de félicité, pour pouvoir parler, remercier, sentir même. Il se jeta, ainsi que sa mère et Aloyse, aux pieds du vénérable Evrard, qui versa des larmes de sensibilité.

Le père Augely, madame d'Arancourt, Niquet, Asselino, Asselino sur-tout, furent proclamés comme des modèles d'amitié. Voilà mon ouvrage, dit Asselino en voyant le bonheur de toute cette famille, voilà mon ouvrage !..... et si vous daignez sortir un moment au jardin, vous en verrez un autre de ma façon, qui vous rappellera à jamais à tous cette réunion touchante.

On se rendit au jardin. Là, en se retournant vers la façade intérieure du château, qui allait appartenir à notre Jules, devenu marquis de Valrose, on lut, au sommet de cette façade, l'inscription suivante, formée de lettres en feuilles d'olivier, symbole de la paix :

POUR JULES, ET A JAMAIS, ICI EST VRAIMENT LE TOIT PATERNEL.

Fin du quatrième et dernier volume.

Extrait du Catalogue des Livres qui se trouvent chez
DENTU, *Impr.-Libr.*, *quai des Augustins*, n.° 17.

GÉOGRAPHIE MODERNE, *rédigée sur un nouveau plan*, ou description historique, civile, politique et naturelle des Empires, Royaumes, Etats et leurs Colonies; avec celle des Mers et des îles de toutes les parties du monde : renfermant la concordance des principaux points de la Géographie ancienne et du moyen âge, avec la Géographie moderne, par J. PINKERTON. Traduite de l'anglais, avec des notes et augmentations considérables, par *C. A. Walckenaer*. Précédée d'une Introduction à la Géographie mathématique et critique, par S. F. *Lacroix*. Avec un Atlas in-4.° de 42 Cartes, dressées par *Arrowsmith*, revues par *J. N. Buache*.
Ouvrage adopté pour les Bibliothèques des Lycées.
Prix : les 6 vol. in-8.°, avec l'Atlas en noir, cartonné . 42 f.
Id. avec les cartes enluminées 50
Id. pap. vél. rel. *à la Bradel*, avec les cart. color. en plein 110
GÉOGRAPHIE MODERNE, *abrégée*, par le même;
1 gros vol. in-8° de 800 pages, orné de belles cartes; 2.e édit. revue, corrigée avec le plus grand soin; augmentée d'un *Traité de Géographie ancienne*, d'après les meilleurs auteurs. On a inséré dans cette édition tous les changemens arrivés en Europe. 8 f.
— Le même, avec les cartes coloriées, 9
Ouvrage adopté par la Commission des Livres classiques pour l'usage des Lycées et Écoles secondaires
LEÇONS ÉLÉMENTAIRES DE CHIMIE, à l'usage des Lycées, ouvrage rédigé par ordre du gouvernement; par P. A. Adet. Un gros vol. in-8.° 6 f.
RECHERCHES sur l'origine et les progrès des Scythes ou Goths, servant d'introduction à l'Histoire ancienne et moderne de l'Europe; traduit de l'anglais de J. PINKERTON; un vol. in-8.°, orné d'une Carte du monde connu des anciens, et gravée par *B. Tardieu*, Prix, 6 f.
Idem. vélin satiné, carte coloriée, 15
ŒUVRES COMPLÈTES DE P. J. BITAUBÉ, 9 v. in-8°
L'ILIADE ET L'ODYSSÉE D'HOMÈRE, 4.e édit., revue, corrigée avec le plus grand soin, et augmentée de plusieurs remarques; ornée du portrait d'Homère, gravé par Saint-Aubin; du bouclier d'Achille, et de la Carte homérique, pour servir à l'intelligence du texte (1).
JOSEPH, 7.e édition, revue et corrigée, 1 vol.
LES BATAVES, nouvelle édition entièrement refondue.
HERMAN et DOROTHÉE, traduit de l'allemand de Goëthe; suivi de plusieurs Mémoires sur la littérature des anciens.
Prix des 9 vol. brochés et étiquetés . . . . 45 f. 50 c.
Pap. grand raisin, brochés et étiquetés 67
Pap. carré vél. d'Annonay, brochés et étiquetés . 90
Pap. gr. raisin vélin superfin, *dont il n'a été tiré que très-peu d'exemplaires*, brochés et étiquetés. 135
Il y a quelques exemplaires, avec les eaux-fortes et le portrait avant la lettre, prix brochés . . 150

---

(1) Cette Carte, qui n'a point encore paru, sera aussi donnée aux personnes qui prendront les trois derniers volumes, pour completter les anciennes édit. d'Homère.

SOUVENIRS D'UN HOMME DE COUR, ou *Mémoires d'un ancien Page ;* contenant des anecdotes secrètes sur Louis XV et quelques-uns de ses ministres, sur les femmes, les mœurs, etc., etc.; suivis de notes historiques, critiques, littéraires; écrits en 1788, par ****. 2 vol. in-8°, sur pap. superfin, caractères neufs, 10 f.

TABLEAU *du Climat et du Sol des États-Unis d'Amérique ;* suivi d'éclaircissemens sur la Floride, sur la colonie française au Scioto, sur quelques colonies canadiennes et sur les sauvages; par *C. F. Volney.* 2 v. in-8.°, ornés de cart. et vues, 9 f. —Le même, 2 v. in-4.°, fig. color., 18 f.—*Id.*, pap. vél., 30

LETTRES ATHÉNIENNES, ou Correspondance d'un agent du roi de Perse, à Athènes, pendant la guerre du Péloponèse; traduites de l'anglais par A. L. *Villeterque ;* nouv. édit., 4 v. in-12, ornés de douze portraits et d'une belle carte de la Grèce, grav. par *Tardieu;* revue par M. *Buache*, 12 f.
Il reste quelques exemplaires de l'édition in-8.° 3 v. port. 18
— *Idem*, papier vélin superfin d'Annonay, 36

VOYAGE *à l'île de Ceylan*, fait dans les années 1797 à 1800, contenant l'histoire, la géographie et la description des mœurs des habitans, ainsi que celle des productions naturelles du pays; par *Robert Percival ;* suivi de la Relation d'une ambassade envoyée en 1800, au roi de Candy. Trad. de l'anglais par *P. F. Henry.* Deux vol. in-8.° ornés de cartes, 10 f.
Idem, pap. vél. 20

VOYAGE AU CAP DE BONNE-ESPERANCE, contenant l'histoire de cette colonie, depuis sa fondation jusqu'en 1795, la description géographique et celle de toutes les productions du pays, etc., etc.; par *Robert Percival;* trad. de l'angl. par *P. F. Henry.* 1 vol. in-8.°, pap. fin, 5 f.
Idem, pap. vélin d'Annonay, 10

VOYAGES *de Frédéric Hornemann, dans l'Afrique septentrionale ;* suivi d'Eclaircissemens sur la géographie de l'Afrique, par le major Rennell. Traduit de l'anglais, par ***, et augmenté de notes et d'un *Mémoire* sur les Oasis, par L. Langlès. Deux vol. in-8.° ornés de cartes gravées par B. *Tardieu*, sous la direction de M. *Buache*, 9 f.
Idem, pap. vélin d'Annonay, 18

MÉLANGES DE LITTÉRATURE; par J. B. A. *Suard*, secrétaire perpétuel de la classe de la langue et de la littérature françaises de l'Institut ; 5 v. in-8°, sur carré fin, 2.° édit. 21 f.
Idem papier vélin d'Annonay, 42
Les tomes IV et V, 9 f.— Pap. vél. 18

DESCRIPTION *historique et géographique de l'Indostan*, par J. Rennell; traduit de l'anglais sur la 7.ᵉ édit.; avec des Mélanges historiques et statistiques sur les dernières connaissances acquises sur l'Inde, par J. Castéra, 3 vol. in-8.°, atlas in-4.°, de 11 cart., 21 f.—*Id.*, pap. vél grand-raisin, 42 f.
La grande Carte de l'Inde, en 4 feuilles, séparément, 12

VOYAGE EN HONGRIE, précédé d'une description de la ville de Vienne et des jardins impériaux de Schœnbrun, publié à Londres en 1797, par *Robert Townson ;* traduit de l'angl. par *Cantwel.* Trois vol. in-8.°, ornés de la carte générale

de la Hongrie, et de 18 planches gravées en taille-douce, 15 f.
Idem, papier vélin, 30

HÉLIOGABALE, ou esquisse morale de la dissolution romaine sous les Empereurs, 1 gros vol. in-8.º orné d'une belle gravure dessinée par *Guérin*, 6 f. *id*. vélin, 12 f.

VOYAGE DE LA TROADE, fait dans les années 1786 et 1787, par J. B. Lechevalier; troisième édition, considérablement augmentée. Trois vol. in-8.º, ornés d'un Atlas de 37 planches gravées par les premiers artistes, 25 f.
Papier grand-raisin, belles épreuves, 35
Pap. double, façon Hollande, 1.res épreuves, cartonnés, 40
Papier grand-raisin double superfin vélin, fig. avant la lettre, cartonnés à la *Bradel*, 66

VOYAGE *de la Propontide et du Pont-Euxin*, avec la carte générale de ces deux mers, etc. etc ; par le même. Deux vol. in-8º 9 f. Pap. vél. 15 f. *Idem*, avec les cartes enlum. 21 f.

VOYAGES *d'Alexandre Mackenzie*, dans l'intérieur de l'Amérique septentrionale, faits en 1789, 1792 et 1793, à la mer Glaciale, et à l'Océan Pacifique; avec un Tableau du commerce des pelleteries dans le Canada ; traduits de l'anglais par J. CASTÉRA, avec des notes du vice-amiral Bougainville. Trois forts vol. in-8.º ornés de cartes et portraits revues par M. *Buache*, 16 f. *Idem*, papier vélin d'Annonay, 32 f.
—Le même ouvrage, en *anglais*, 2 v. in-8.º cartes et portrait, 16

VOYAGE *à la côte occidentale d'Afrique*, fait dans les années 1786 et 1787 ; contenant la description du Congo; suivi d'un voyage au cap de Bonne-Espérance, par *L. Degrandpré*. Deux vol. in-8.º ornés de 11 superbes figures, cartes, et du plan du cap de Bonne-Espérance, 12 f.
Pap. vélin, fig. avant la lettre, et les grav. en atlas in-4.º 24

VOYAGE *dans l'Inde et au Bengale*, fait dans les années 1789 et 1790, contenant la description des îles Séchelles et de Trinquemalay, etc.; suivi d'un Voyage dans la mer Rouge; par le même. Deux vol. in-8.º ornés de sept belles grav., dont la vue de Calcuta et le plan de la citadelle du côté du Gange, 10 f.
Pap. vél., fig. avant la lettre, et les grav. en atlas, in-4.º 24

VOYAGE *dans la partie méridionale de l'Afrique*, fait en 1797 et 1798, par *John Barrow*, contenant des observations sur la géologie, l'histoire naturelle de ce continent, etc ; traduit de l'angl. par le même, avec des notes. Deux vol. in-8.º orné d'une très-belle carte d'Afrique, 10 f. Pap. vélin, 20 f.

2.e VOYAGE, *du même*, en AFRIQUE; 2 vol. in-8.º ornés de 8 belles cartes, 10 f. — Pap. vélin, 20 f.

VOYAGES *Physiques et Lythologiques dans la Campanie*; suivis d'un Mémoire sur la Constitution physique de Rome, etc. etc.; par *Scipion Breislak* ; traduits par le général *Pommereuil*. Deux vol. in-8.º ornés de 6 belles cartes enluminées, 12 f.
Il a été tiré quelques exemplaires sur papier vélin, 24

NOUVEAU VOYAGE *dans la haute et basse Egypte, en Syrie, et dans le Darfour*, contrée où aucun Européen n'avait encore pénétré, etc. ; fait depuis 1792 jusqu'en 1793, par G. W. Browne ; traduit de l'anglais sur la seconde édition, par *J. Castéra*. Deux vol. in-8.º ornés de cartes, vues, plans, etc. Prix : pap. ord. 21 f. — Pap. fin, 17 f. — Pap. vélin, 24 f.

(4)

VOYAGE dans l'intérieur de l'Afrique, fait en 1795, 1796 et 1797, par M. Mungo-Park, traduit de l'anglais par J. Castéra. Deux vol. in-8.º ornés de cartes, 12 f.

VOYAGE en Hanovre, fait en 1803 et 1804; 1 gros vol. in-8º, 5 f. 50 c.
Idem, pap. vélin, 11

DES DIVINITES GENERATRICES, ou du culte du Phallus chez les anciens et les modernes, etc., par Dulaure; 1 vol. in-8º, pap. fin, 5 f. —Idem, papier vélin, 10 f.

DE L'IMPOSSIBILITE du Système astronomique de Copernic et de Newton, avec cette épigraphe : L'algèbre est le précipité de la pensée humaine ; la vérité n'est point dans des amplifications de trigonométrie : mendaces filii hominum in stateris. Par L. S. Mercier, membre de l'Institut de France. Un vol. in-8.º, pap. fin d'Auvergne, 4 f. 50 c.

FAUNE PARISIENNE, ou histoire abrégée des Insectes, d'après la méthode de Fabricius, contenant la description d'un grand nombre d'espèces et de genres nouveaux; précédée d'un discours renfermant un abrégé d'Entomologie; par C. A. WALCKENAER. Deux gros vol. in-8º planches, 12 f.

TABLEAU des Aranéides, par le même, 1 v. in-8º fig. 5

LE VALET DU FERMIER, par Robert Bloomfield; trad. de l'anglais. Un vol. in-12, orné de 10 jolie grav., 2 f. 50 c.
Idem, papier vélin d'Annonay, 5 f.

VIE Polémique de Voltaire, et histoire de ses proscriptions; suivie des pièces justificatives, par G***Y; 1 vol. in-8.º, 4 f.
— Idem, papier vélin, 8

SOIRÉES DE FERNEY, ou Confidences de Voltaire, recueillies par un ami de ce grand homme, et publiées par D***x. 1 vol. in-8.o 3 f. —Idem, papier vélin, 6 f.

EUGENIE, avec cette épigraphe : « Je veux te montrer le bonheur réservé à la vertu »; par C. A. W. 1 v. in-12, 1 f. 50 c.

ARMAND ET ANGELA, ou le Danger du Mystère, roman original ; par Mlle D. DE C 4 vol. in-12, fig. 7 fr. 50 c.

NARCISSE ou le Château d'Arabit, par le même, 3 v. fig. 5 f.

MAURICE, ou la maison de Nantes, roman, par J*** D**; 3 vol. in-12 5 f.

JULIE DE SAINT-OLMONT, ou les premières illusions de l'amour, roman français, par Madame ****; 3 vol. in-12, 6 f.

AMELIE de Tréville, par la même; 3 vol. in-12, 5

FLEETWOOD, par W. Godwin; 3 vol. in-12, traduits de l'anglais, par M. Villeterque, 6 f.

ELMONDE, ou la Fille de l'Hospice, par Ducray-Duminil. 5 vol. in-12, ornés de jolies gravures, 10 f.

JULES, ou le Toit paternel, par le même ; 4 vol. in-12 ornés de jolies gravures, 8 f.

LA MERE ET LA FILLE, 3 gros vol. in-12, 6

LE BRIGAND DE VENISE; par Lewis, auteur du Moine; 1 vol. in-12, 2 f.

LUCIE OSMOND, ou le danger des Romans, 1 v. fig. 2

RODOLPHE de Werdemberg, 1 vol. in-12, 2

BELMOUR, roman, traduit de l'anglais, 2 v. in-12, 3

LADOUSKI ET FLORISKA, ou les Mines de Cracovie, roman polonais, par L*** 4 vol. in-12, 7 f. 50 c.

www.ingramcontent.com/pod-product-compliance
Lightning Source LLC
Chambersburg PA
CBHW071345150426
43191CB00007B/849